DIFE TOU LIMEN-AN

Seri 1

KRISYANIS

Avan Gou

Jouk jounen jodi-a, Pastè Renaut Pierre-Louis gen yon bon bout tan depi l'ap sèvi Bondye. Pandan plizyè lane, li te Pastè nan Legliz Batis Redfod, Okap-Ayisyen. Bondye sèvi avè l' pou fè Redfod devni yon kominote pwotestan k'ap mache trè byen e ki rive atire anpil nanm pou Kris nan peyi Dayiti. Pastè Renaut mete kanpe anpil zèv pou sosyete-a, sa te byen ede moun Okap ak nan zanviron-an; pami zèv sa yo nou ka pale de (2) Lekòl primè, Yon lekòl segondè ak yon lekòl pou apran-n metye.

Malgre tou sa, Pastè Renaut te oblije kite Okap pou l' te vini Ozetazini. Sa pat dekouraje'l ditou. Li kontinye ap travay nan peyi Meriken ki devni yon dezyèm peyi pou li, e se la li fonde Legliz Peniel. Legliz sa klere e chofe tout kretyen ak vizitè ki ale adore la. Pastè Renaut vle tèlman itil tout Ayisyen parèy li, kelke swa kote y'ap viv la, ke li ekri liv sa ki rele DIFE TOU LIMEN-AN. Se yon li ki va sèvi tout Legliz nou yo.

Liv sa vini nan lè li. Se depi lontan nou te bezwen yon liv konsa pou Lekòl Di Dimanch. Liv sa prale ede monitè yo pou yo bay elèv yo bon dòz. Pastè Renaut montre nan liv sa ke l' kon-n reflechi byen lè li pran yon ilistrasyon pou li montre nou egzakteman sa l'ap di-a.

Nan liv sa, levanjil la klè kon dlo kokoye, epi li pa gen oken-n mo difisil ladan. Tout moun ka konpran li epi l'ap ede ou devlope lespwi ou.

Se poutèt sa, m'ap mande tout moun, ke ou se Pastè, ke ou se monitè, predikatè, fidèl nan yon legliz, tout moun alaronnbadè pou gen liv sa pou sèvi avè l' kote w' pase.

Rev. Doktè. Fritz Fontus.   20 Sektanm 2005

N'ap di mèsi...

Se Bondye ki te mete nou sou kontwòl Lespwi Li pou n' te ekri liv sa-a. Tout glwa se pou Li!

Bondye te fè nou rankontre ak yon seri de moun tankou Reveran Doktè Amos Eugene, Mario Valcin Fritz Fontus, pastè Henoc Chery, Joseph Israel, Enoc Tobi, madan-m mwen Catherine Pierre-Louis, ki kanpe avè nou nan tout moman sa yo. Nou pa kapab bliye konkou Kerlande Louimé, Jean Guy ak Fernice Etienne, Imelès Leger, pastè Aserge Privert. Joanès Martin, ak Julio Brutus, Legliz Freeport, Nassau Bahamas ak Legliz Penièl nan Fort Lauderdale. Yo tout yo ede no unan diferan fason pou liv sa te ekri.

Se gras a konkou yo Liv sa ka sèvi'w jodia pou anseye nan Lekòl dimanch, pou fè Etid biblik, Konferans, Revèy, mesaj ak devosyon nan fanmiy ou.

Nou ankouraje chak elèv pou gen liv pa yo. Liv sa gen douz (12) leson pou chak trimès. Nou kite dènye dimanch trimès la pou òganize **match vèsè** ant elèv yo nan klas yo ou bien pou yon revisión jeneral.

Liv sa ekri nan kat lang toujou : Kreyòl, Fransè, Anglè, Panyòl pou pèson pa gen eskiz paske se Jezi menm ki mande pou nou li sitou nan dènye tan saa n'ap viv la. Matye 24 :15
Zanmi'm, bat pou'w gen **Dife Tou limen** pa'w . Se va yon gwo mwayen pou ede nanm ou grandi.

Pastè Renaut Pierre-Louis.

Leson 1
Levanjil Jezikri-a se plan Bondye pou sove lezòm

Tèks pou prepare leson an : Jenèz 3:14-21; Jan Chap. 3 ; Ebwe. Chap.10.
Tèks pou li nan klas la: Efezyen 2:8 a 10
Vèsè pou resite: Efezyen 2:8
Fason pou anseye leson-an: Diskou, konparezon, Kesyon.
Bi leson-an: Prezante Jezikri kòm sèl sovè lemonn.

Pou komanse
Nan leson sa, nou pral wè ki travay Bondye fè pou rive sove lèzòm. Apwè Adan ak madanm li Ev te fi-n peche, Bondye te kouvwi yo, se yon fason pou montre nou kòman Bondye te vle sove yo e sa pèmèt lemonn antye ka sove. Kounyea, annou swiv nan leson an ki fason Bondye revele Li a lòm pou sove li.

Tou dabò annou wè divès fason Bondye fè lòm konnen ki moun li ye.
Bondye revele li a lòm piti a piti, ti kras pati kras. Se konsa li revele lèzòm plan li gen pou sove yo.

I. **Premye Revelasyon: Fason Bondye te revele Li a Lòm lè li t'ap viv nan linosans.** Jen.2 :25
Dapwè Jenèz 2 :28 lòm t'ap viv nan linosans. Lòm te dwe obeyi Bondye. Men te gen yon tan ki rive kote li prefere obeyi Satanledyab e sa mete l' nan pwoblèm ki lakoz li tonbe nan peche.

II. **Dezyèm Revelasyon: Bondye mete limyè li nan konsyans lòm.** Jen. 3:7 ; Travay .2:38

Kounyea, lèzòm kómanse konprann. Depi lè sa Bondye kòmanse bay li reskonsablite pou zak li fè.
Travay 2 :38
Li dwe vin kot Bondye pou li ka jwen padon.

III. **Revelasyon sou fason pou l' dirije tèt li.**
Bondye bay Lòm pouvwa pou li jeran latè.
Bondye montre li ki jan pou li ka viv nan la sosyete. Jen.8 :15

IV. **Revelasyon sou pwomès Bondye fè ak Abraram.**
Dapwè Jenèz 12:1 a 3, Bondye deside fòme yon pèp apa. Pèp sa t'ap gen pou devwa fè lèzòm konnen ki moun Bondye ye. Li kòmanse travay sa ak Abraram.

V. **Revelasyon Bondye pa mwayen lalwa.**
Dapwè Egzòd 19:1. Bondye fè Pèp Izrayèl konnen
1. Ki Moun Li ye
2. Ki eta peche Lòm
3. Ki nesesite pou Lòm soumèt li devan Bondye
4. Ki devwa Pèp Izrayèl genyen pou fè lòt Pèp yo konnen ki lès ki Bondye tout bon vwe.

VI. **Revelasyon Bondye pa mwayen lagras.**
Mat. 28:20; Trav 2:1-4; Eza. 42:6.
Dapwè tèks sa yo, Bondye mete Legliz li kanpe jou Lapannkot la, e Legliz gen pou devwa ale atravè lemonn pou fè moun vini jwenn Jezi. Piske pèp Izrayèl pat fè jòb la, li pèdi misyon Bondye te bay, e se Legliz ki ranplase l'. Ezayi. 42:6

VII. Revelasyon sou sa ki gen pou pase nan dènye tan Revelasyon 20:4; 22:1-5.

1. Jezikri pral reye ak moun sove yo pou mil (1000) lan
2. Soufwans nou va fini; se va la glwa pou tout tan.
3. Pèp Izrayèl la pwal rekonèt Jezi kòm Wa epi kòm Moun Bondye te voye nan lachè-a pou sove lèzòm. Wom 11:25-29.

   Si-n gade byen, atravè tout fòm revelasyon sa yo, nou wè Bondye te gen yon sèl bagay nan tèt li: **wete lèzòm nan peche**. E se sèl Jezi ki rann operasyon sa posib. Ebwe 1:1.

   a. Jezi kite syèl la pou vin sove nou sou latè. Jan 3:13, 6; Jan 12:32
   b. Bondye *peye kach* pou sa rive fèt paske li bay Jezi nan plas nou pou peye dèt peche nou. Wom 6:23; 2 Korent.5:21.
   c. Sèl sa pou lèzòm fè se pran Jezikri pou Sove yo. Matye 11:28; Travay 4:12.

Pou fini

Piske sali-a soti anwo nan Jezikri pou sove nou, annou vin jwenn Jezi kounyea pou nou sispan viv nan peche.

Kesyon

1. Ki sa plan Bondye a vle di? R/ Depi lontan, se fason Bondye fè pou lèzòm konnen kisa Li va fè pou sove yo.

2. Di konbyen Revelasyon ki genyen; Resite yo yonn apwè lò. Se yo sèt (7):
   a. Revelasyon Bondye lè lòm t'ap viv nan linosans
   b. Revelasyon Bondye pou li pran konsyans sou zak li.
   c. Revelasyon sou fason pou li dirije tèt li.
   d. Revelasyon sou pwomès Bondye fè Abraram.
   e. Revelasyon Bondye de limen-m pa lwa Moyiz la.
   f. Revelasyon plan sali-a pou sove lòm pa lagras.
   g. Revelasyon sou sa ki gen pou pase nan dènye tan.

3. Ki lè revelasyon yo ap fini? R/ Apwè Milan (1000). Se lè sa lavi ki p'ap jann fini-an va kòmanse.

4. Ki sa Bondye te vle fè ojis? R/ Fè lèzòm konnen ki moun Li ye e rive sove yo nan peche yo.

Leson 2
Bwa kalvè, se la sous sali nou soti

Tèks pou prepare leson an: Lik 9:23-26; Jan chapit 19; Travay 4:3-4; Wom 8:1; 1 Korent 1:18-25; Kolosyen 2:15

Tèks pou li nan klas la: Lik 9:23-26.

Vèsè pou resite: Lik 9:23.

Fason pou anseye leson-an: Diskou, konparezon, Kesyon.

Bi leson-an: Montre sa Bondye fè pou rive sove nou.

Pou komanse
Tout moun fè chemen yo konnen pou yo reyisi nan la vi. Men ki kote chemen relijyon mennen Lòm? Eske se yon chemen ki k'ap men-nen li nan syèl ? Si w' vle jwenn repons la, annou pran yon randevou devan Lakwa kalvè-a.

Sa lakwa vle di

I. **Lakwa:** *Se de moso planch ki kwaze yonn sou lòt, yonn kanpe epi lòt mòso-a kouche sou li nan twaka (3/4) longè l'.* Nan tan lontan, moun peyi Wòm yo te konn sèvi ak li pou kloure kriminèl ki kondane pou yo touye yo. Yo te kloure Jezi sou lakwa poutèt Li te di se Pitit Bondye Li ye epi Li di li se Wa. Konsa yo di: Li se lèdmi wa Seza Ogis. Jan 19:7,12.

II. **Lakwa:** *La kwa se kote Jezi bay randevou a tout pechè paske se la yo te krisifye li kòm yon gwo kriminèl.* Se la tou dèt peche nou yo te peye. Wom 5:8; 2 Korent. 5:21

III. **Lakwa:** *Se siy yon kretyen ki aksepte soufwi akoz Jezikri.* 2 Timote 3:12. Tout moun dwe wè nan nou remak Jezikri. Galat 6:17

IV. **Lakwa:** *Se siy ki fè moun konnen se patizan Jezikri nou ye.* Tout kote y'ap pale de Jezi, epi chak lè nou aksepte soufwi san n' pa di yon mo poutèt Jezi, se yon siy ki vle di nap pote kwa Kris la. Lik 9:23.

V. **Lakwa:** *Li sanble ak siy sa pou fè adisyon.* Yon moun ki vle swiv Jezi dwe preche Levanjil la toupatou pou moun ka aksepte Jezi kòm sovè. 1 Korent. 1:18

VI. **Lakwa:** *Se yon siy pou fè miltiplikasyon pou moun konvèti pa bann ak pa pakèt..* Travay 4:3-4.
Yon kwa kanpe se yon siy plis, se siy kretyen an ki deplase pou bay Levanjil la a lòt moun. Yon kwa panche se siy ogmantasyon.
Lè kretyen-an anba lepwèv, li pa ka kanpe dwat, li panche tankou yon siy miltiplikasyon ; Lè tout moun wè ou kenbe fèm malgre soufwans, anpil moun vi-n jwenn Jezikri; lè sa benediksyon yo ogmante tou, e tout moun ka wè ak de zye yo fòs Levanjil la.

Men yon remak nou fè tou.
1. Lakwa se sèl siy ki fè Satanledyab pete kouri, paske sou bwa lakwa Jezi te avili tout peche nou yo kite fè Satan gen dwa sou nou. Women 8:1; Kolosyen 2 :15

2. Sa ki lakwa tout bon an li pa fèt ak bout fè, li pa yon bijou pou mete nan kou. Lakwa tout bon-an se tout soufwans nou aksepte pote akòz non Jezikri.
3. Yon moun ki vle swiv Jezi san yon Kwa, li san lè gen yon Kwa san Jezi.
4. Kwa sa vle di, pa gen kretyen ki pa gen pwoblèm se sa menm ki fè valè li. Se premye kondisyon sa men-m si yon moun vle swiv Kris.

Pou fini

Kretyen, pinga nou bouke pote kwa nou e se pou nou fyè de sa. Se yon garanti ki fè wè ke nou kenbe fèm nan LeSèyè. Lik 9:23.

Kesyon

1. Ki bi leson-an? R/ Fason Bondye anplwaye pou sove nou.
2. Ki sa Lakwa vle di? R/ Siy adisyon, siy miltiplikasyon, lye randevou kretyen ak Jezikri.
3. Ki zam Satanledyab pa ka kanpe devan-l? E pouki sa?
R/Lakwa Kris la . Se paske se la Jezi te pote tout peche nou yo pou wete tout dwa satan te gen sou nou.
4. Ki mal sa genyen lè ou pote you kwa sou wou? R/ Ou pase mesaj lakwa Kris la anba rizib.
5. Ki sa ki ka rive yon moun ki ta chwazi Jezi men ki refize pran kwa li? R/ L'ap jwenn lakwa, men li p'ap jwen Jezi.
6. Ki pi gran pwensip ki karakterize lavi yon kretyen? R/ Se ke tout kretyen dwe pote kwa Kris la.

Leson 3
Lapasyon, tout peripesi Jezi te pase

Tèks pou prepare leson an: Matye 21:12-17; Lik 19:28-48
Tèks pou li nan klas la: Lik 19:41-44
Vèsè pou resite: Lik 19:42
Fason pou anseye leson-an : diskou, konparezon, Kesyon.
Bi leson-an: Fè wè tout kalite soufwans Jezi pase jouk limouri.

Pou komanse
Sa k' ta kwè Bondye ta soufwi? Epoutan Jezi te soufwi tankou tout moun. Kòman nou ka montre fòm tribilasyon sa yo?

I. Fòk nou di w' kisa lapasyon vle di: Mo pasyon an soti nan grèk "Pathos" ki vle di "Soufwans".

II. Ki sa ki te fè Jezi pi soufwi ?
  1. Jwif yo pa t' bay Jezi okenn vale kòm Sovè. Li vini lakay moun pa l' yo, men yo pa resevwa l'. Jwif yo pa t' janm sispann poze Jezi kesyon swa pou yo sonde l', swa pou yo pran l' nan pa konprann. Mak 12:13
  2. Jwif yo pase otorite Jezi anba pye. Matye 21:23 Poutèt Jezi te mete komèsan ki t'ap vann nan Tanp Jerizalèm nan deyò, Farizyen yo te menm rive mande Jezi pou li idantifye Li.
  3. Jwif yo pase grandè Jezi nan tenten. Matye 12: 24-30. Yo te menm kwè se Lisifè ki voye l'. Matye 12:27
  4. Jezi te vin pou sove lèzòm, Jwif yo pa t' vle tande sa: yo te kondane l' pou kòz politik,

paske Li t'ap fè byen. Yo te touye l' tandiske Li te vini pou chache sa ki te pèdi pou l' delivre yo. Lik 19:10
5. Menm disip yo pa t' bay travay sa valè: yo te plis kwè Jezi ta pral etabli yon gouvènman sou latè panda Li te avèk yo, yon fason pou yo ka gen gwo djòb. Mak 10:37; Travay 1:6
6. Jezi te deja konnen yo ta pral trayi L', yo ta pral vann li, arete l', fè l' pase mizè, pase l' nan rizib, touye l' menm. Lik 9:22
7. Jezi te konnen deja ke lè l' va nan danje, tout disip yo pral kouri kite l'. Matye 26:56
8. Menm lè Jezi te ka fè tou sa L' kapab pou montre li pa t' janm fè anyen ki mal, li pwefere pa di anyen. Ezayi 53:7

III. **Ki lòt bagay Jezi te ka fè?**
Li te kapab pwoteje tèt li, men okontrè Li pa t' fè sa. Pouki rezon?
1. Paske Li te vini pou L' mouri pou nou. Jan 12:27
2. Si li te refize mouri:
   a. Mwen pa t'ap gen lavi etènèl. Jan 3:16 Paske san bouk kabrit ak san toro bèf pa t' ka efase peche. Byen avan lemonn te kreye, Jezi se Mouton Bondye te chwazi pou wete peche nou. Jan 1 : 29
   b. Satanledyab ta va gen laviktwa epi tout moun ta pèdi nèt ale. Wom 8:1

Pou fini
Konsa, piske Jezi te soufwi nan kò Li, annou toujou mete sa nan tèt nou. Wom 8:32; 1 Pye 4:1

Kesyon

1. Ki bi leson-an?
   R/ Fè wè an demo tout soufwans Seyè-a te soufwi.

2. Ki sa mo pasyon an vle di? R/ Soufwans

3. Ki sa ki te fè Jezi pi soufwi ? R/ Jwif yo fè tankou yo pa konnen li, disip yo pral bandonen li, papa li pral bandonen li, yo pral maltrete li, touye li pou koz politik.

4. Eske Jezi te ka fè lòt bagay pou L' pat soufwi: R / Wi. Li te kapab pwoteje tèt li, men li pat fe sa

5. Ki sa ou ta di yon moun k'ap kraze kò l' lè yon moun pa l' mouri? R/ Bondye pa t' pwoteje menm pwòp pitit Li. Wom 8:32

Leson 4
Ki sa lagras Jezikri-a fè pou nou

Tèks pou prepare leson an: Egzòd 26:31-34; Nonb 16: 42-48; Matye 27: 45-54 Ebwe 10:20
Tèks pou li nan klas la: Matye 27: 45-54
Vèsè pou resite: Jan 1:17
Fason pou anseye leson-an: Pale, fè konparezon, poze Kesyon
Bi leson-an: Fè wè kote lalwa fini e kote lagras la kòmanse.

Pou komanse
Matye rakonte nou an demo yon seri levènman ki te vin mete bout a epòk Revelasyon Bondye dapwè Lalwa Moyiz. Se te yon Lwa ki te pote lanmò. Jezikri vini kòm sèl chanpyon sou tèt lanmò. Annou wè sa Matye di nou sou zafè sa-a

I. **Jezi gen viktwa sou lalwa ki te kondane nou. Gal.4:4-5**
   1. Si se te pou Lalwa, nou pa t' ladan menm. Se lanmò ki tap tann tout moun ki fè peche. Epoutan, Bondye vle sove tout moun ki fè peche. Bondye bay Jezi nan plas nou pou peye tout dèt peche nou. Wom 6:23
   2. Lè Jezi te sou kwa-a, Bondye pa t' ka gade L' paske li te kouvri nèt ak chaj peche nou yo. Ezayi 53:5
   3. Jezi fè nou vin byen ankò ak Papa L' gras a sakrifis lavi li sou bwa kalvè-a. 2 Korent 5:19

II. **Men kèk siy ki montre viktwa Kris la:**
1. Vwal tanp la chire depi anwo jouk anba. Matye 27:51. Se sèl Papa Bondye ki te ka fè sa. Vwal sa te separe an de (2) pati, lye sen an ak lye ki sen anpil la. Se te sèlman gran chèf prèt la ki te gen dwa antre la pou pote peche pèp la ak peche pa l' tou, e se te yon sèl fwa nan yon lane li te gen dwa fè l'.
Egzòd 26:33 ; Levetik 16: 34
Jezi trase yon wout tou nèf pou nou nan pwòp kò li. Se pa Jezi sèl tout moun dwe pase si yo vle al jwenn Papa Bondye an direk. Jan 14:6
2. Kavo yo te louvri. Wòch fann miyèt mòso. Moun ki te viv apa pou Bondye yo te resisite menm lè. Men yo rete bò tonbo yo jiskaske Jezi te resisite; se dekwa pou Jezu ka gade tit champyon sou lamò. Matye 7:52-53
3. Tè-a tranble byen fò, fè nwa kouvwi tout latè depi midi jouk rive twa(3)zè, tou sa te siy toutafè nòmal pou fè wè pou yon ti bout tan, viktwa satan piske nan twa(3) jou, Jezi ta pral leve soti vivan nan lanmò. Tout bagay sa yo te sanble ak yon repwòch Bondye fè pèp jwif la, paske yo te dakò pou lage yon kriminèl epi pou yo kondanen yon inosan. Sepoutèt sa, tout moun ki te asiste koze sa t'ap mande Papa Bondye padon lè yo t'ap tounen lakay yo.
Lik 23:48

Rezilta:
Paske Jezi resisite pami mò yo,
1. Nou gen laviktwa kounyeya sou la mò .
2. Nou gen lapè ak Bondye.

3. Pa gen oken kondanasyon pou moun k'ap viv nan Jezikri.
4. Nou pa anba lalwa ankò. Nou anba lagras. Wom. 6:14.
5. Nou sove nèt.
6. Gras a sakrifis Jezi-a, peche nou yo padonen;
7. Nou gen lavi ki p'ap janm fini-an.

Kesyon

1. Pouki Bondye pa t' ka gade Jezi Pitit Li lè l' te klouwe sou Kwa-a? R/ Li te kouvwi ak peche nou.
2. Eksplike zafè vwal chire-a. R/ Jezu kraze tout baryè pou nou k'ap pran kontak dirèk ak Papa Bondye.
3. Ki sa lanmò Jezi sou bwa Kalvè fè nou benefisye? R/ Li fè nou rekonsilye ak Papa Bondye.
4. Di kèk siy ki te fèt pandan Jezi t'ap trepase sou kwa-a. R/ :
   a. Yon bann kavo te vi-n louvwi
   b. Anpil moun mouri te leve.
   c. Te gen yon gwo tranbleman de tè
   d. Wòch yo fann miyèt mòso.
   e. Fe nwè te kouvri tout latè.
   f. Vwal tanp la te chire soti depi anwo jouk anba
5. Ki sa sa fè pou nou dèske Jezi leve vivan nan lanmò?
   R/ Viktwa sou Satanledyab; sou lemonn, sou lachè, sou lanmò. Nou vi-n an kominyon ankò ak Papa Bondye, nou gen lavi ki p'ap janm fini-an epi Lesentespri vi-n nan nou.

Leson 5
Pak Jwif la ak Pak kretyen-an

Tèks pou prepare leson a: Egzòd 12:1-28; Mak 14:12-25; 1 Korent 11: 23-34
Tèks pou li nan klas la: Mak 14: 12-26
Vèsè pou resite: Lik 22:19
Fason pou anseye leson-an: Diskou, konparezon, Kesyon.
Bi leson-an: Fè wè sa mo PAK la vle di.

Pou komanse
Moman an rive pou Jezi Sovè nou an akonpli misyon Li, e pou montre sa, Li mete kanpe Fèt Pak la. Men Pak n'ap pale la, èske se menm bagay li ye ak fèt Pak nan tan Moyiz la? An-nal wè kòman sa te ye.

I. **Fèt Pak Jwif la:** Egzòd 12:3, 5, 7, 8, 11, 13
   Li sanble tèt koupe ak Pak Jezi Sovè nou an.
   Jan 1:29
   1. Ti mouton yo pral ofwi-a ta dwe san defo. Pou yo pa gen okenn dout sou sa, fanmiy lan ta dwe gade ti moutan sa pandan katòz (14) jou anba zye yo. Se yon senbòl ki vle di ke: Jezi te san tach. Egzòd 12:5, 6; Jan 18:38
   2. Fòk gòjèt mouton an koupe. Egzòd 12 : 6
   3. Yo dwe mete san-an sou lento chak pòt, se te yon senbol ki vle di ke chak moun va sove pou tèt pa li. Jan 3:16
   4. Answit, san-a se sèl pwoteksyon anba lanj ki t'ap vin touye moun nan peyi-a. Egzòd 12:13; Ebwe 10:10, 14

5. Yo manje vyann ti mouton-an ak zèb anmè. Se te yon senbol ki vle di soufwans Seyè-a a gen pou soufwi. Lè sa yo te konn chante Sòm 118. Konsa, Pak' la se fèt ki fè sonje delivrans pèp Jwif la anba tray wa Fararon. Egzòd 12:8

II. **Fèt Pak Kretyen yo.** Mak 14: 12-25
1. Kris se Pak pa nou. I Korent. 5 : 7 Jezi reprezante Pak pou nou sou fòm Pen ak Diven, senbòl kò Li kite mètri e san Li ki te vèse.
2. Jezi mouri yon sèl fwa pou rachte lezòm nan peche li. I Pyè 3:18
3. Pa lafwa, san Jezikri lave peche nou, Li delivre nou anba kondanasyon etènèl e sa fè Satanledyab pa gen okenn dwa sou nou. Wom 8:1; 1Jan 1:7
4. San Jezikri se kat didantite nou pou syèl la. Li fè wè aklè nou delivre anba peche epi sa fè wè tou se moun pa Jezi nou ye. Wom 8: 9-11
5. Zèb anmè-a se senbòl soufwans nou aksepte soufwi poutèt Jezi san yo pa fòse nou. 2 Timote 3:12

Remak:
Fò nou fè w' konnen tou, pou yon Izrayèlit manje vyann ti mouton an, fòk l' te mare ren li, fòk l' gen soulye nan pye l' e fòk li kenbe yon baton nan men li. Sa se siy yon kretyen ki tou pare pou fè sèvis Seyè-a. Si Kris nan la vi w', fòk ou pwèt pou sèvi li. Egzòd 12:11

Pou fini

Konsa, nou menm kwayan ki poko batize, prese angaje nou nan lame Bondye-a. Pran desizyon pou sèvi l, etan w'ap siyen kontra ak Jezi nan san li te vèse-a.

Kesyon

1. Ki bi leson an. R/ Fè wè sa Pak la vle di.

2. Kòman pèp Jwif la te konn fete Pak? R/ Chak fanmiy touye yon ti mouton pou yo manje l' lakay la. Yo chante Sòm 118 pandan y'ap manje zèb anmè ak vyan ti mouton an.

3. Ki moun ki reprezante Pak pou nou? R/ Jezikri

4. Sa sa vle di lè yo pase san sou lento pòt yo? R/ Siy sa vle di chak moun dwe aksepte Jezi kòm Sovè pou tèt pa li.

5. Sa san Jezi vle di nan lavi nou? R/ Se delivrans nou anba peche, anba lamò, anba Satanledyab, anba kondanasyon.

6. Ki fòs san Jezi genyen? R/ San an padone peche e li bay moun ki kwè lavi ki p'ap janm fini an.

7. Sa zèb anmè-a vle di nan jan n'ap pale la? R/ Tout kalite mize n'ap andire poutèt Jezi.

8. Sa nou vle di lè nou pale de manje etan nou mare ren nou, soulye nan pye nou, yon baton nan men nou? R/ Se pou nou toujou tou pare pou ale fè sèvis Seyè-a

Leson 6
Sèt (7) pawol Jezi te di sou lakwa-a

Tèks pou prepare leson an: Lik 23: 43-46; Mak 15:34; Jan 6: 60-71; Jan 19: 4-6, 26-30; Travay 2:27
Tèks pou li nan klas la: I Timote 1:12-15
Vèsè pou resite: Jan 6:63
Fason pou anseye leson an: Diskou, konparezon, Kesyon
Bi leson an: Montre kòman Jezi te rete fidèl a misyon Li jouk Li mouri.

Pou komanse
Yo fè konnen ke moun k'ap fè majik yo ak Baron-Simityè yo, konn itilize 7 pawòl Jezi te pwononse yo pou yo sa leve mò. Sa nou konnen, sèke, (7) pawòl Jezi te pwononse sou kwa-a te an rapò ak rezon ki mennen Jezi sou latè; rezon sa se chache epi sove sila yo ki te pèdi ya.

I. **Pwemye Pawòl: Papa, Padonen Yo, Paske Yo Pa Konnen Sa y'ap Fè.** Lik 23:34 Jwif yo te maltrete sila ki te vi-n sove yo-a. Fòk nou di w', yo pa t' konn sa yo t'ap fè-a menm. Men Pilat ki te aksepte kondane Jezi ki te inosan, te konnen byen pwòp sa l' t'ap fè. Se paske Pilat te kapon, e l' gen pou peye sa. Jan 19:4-6

II. **Dezyèm Pawòl:** *Jodiya Menm Ou Va Ak Mwen Nan Paradi.* Lik 23:43 Menm lè souf Li pwèske koupe, Jezi sove yon nanm. Bon lawon an ale nan syèl menm jou sa paske menm jou sa, Jezi te ale nan syèl. Kò-a rete nan tonbo men lespri-a monte al jwen Papa Bondye. Lik 23:46

III. **Twazyèm Pawòl:** *Madanm, Men Pitit Ou.* Jan 19-26-27 "Manman men pitit ou". «Men kote m' ye konnyeya anro la kwa». Sa vle di konsa Mari, ou t'ap tann pou gen yon Pitit kòm kanè bank ou. Wete sa nan lide w'; Jezi vo plis ke sa: Li vin mouri pou peche tout moun.

IV. **Katryèm Pawòl:** *Bondye, Bondye, Pouki Sa Ou Vire Do Ban Mwen Konsa.* Mak 15:24. Le sa-a fè nwè te kouwi tout latè. Jezi pale byen fò ak Papa Li. Lè sa si Bondye te pote sekou a pitit Li Jezi, nou tout t'ap pèdi, paske sete pwòp peche nou Jezi t'ap pote. Peche yo te kouvri L', **sepoutèt sa Bondye pa t' kapab wè Jezi.**

V. **Sinkyèm Pawòl:** *Mwen Swaf.* Jan 19:28 Dènye fwa Jezi te vide yon ti bagay nan gòj Li, sete lè l' t'ap fè lasèn ak disip yo, avan yo te arete L' la. Sa fè apepwè dizwitèd tan li pase san L' pa bwè anyen. Li te vin pi swaf ak transpò lanmò-a.

VI. **Sizyèm Pawòl:** *Tout Sak Te Pou Fèt La Li Fèt. F-i-fi, n-i ni.* Jan.19:30

VII. Jezi te vini, se pa t' pou kraze sak te deja la, men pou akonpli tout sa ki te di nan ansyen Kontra-a. Matye 5:18

VIII. **Setyèm Pawòl:** *Papa, Resevwa Lespri Mwen.* Lik 23:46; Travay 2:27 La-a, se de lanmò n'ap pale kote nanm ak lespri kite kadav la. Lespri a monte nan syèl. L'ap tounen pou resisite kò-a apwè twa (3) jou, paske Jezi se lavi Li ye e se Li ki ka fè moun soti vivan nan lanmò. Kò Jezi pa t' janm pouri tankou kò chef relijyon yo te rele Maomè, Konfisius, Bouda ki nan tonbo yo jouk jounen jodiya, tankou tout lòt moun, y'ap tann dènye jou a pou leve nan lanmò.

Pou fini:
Yon moun ki mennen bak li byen, lè l' l'ap pale yon dènye fwa avan li mouri, pawòl li yo toujou fò. Annou bat pou nou viv epi pou nou mouri tankou yon moun konsa.

Kesyon

1. Pouki sa Jezi te padonnen malfèktè yo? R/ Paske yo pat konnen Jezi se te moun Bondye te voye nan lachè pou sove lemonn.

2. Ki kote paradi ye? R/ Se kote Jezi rete-a, se syèl la.

3. Sa sa vle di: "Madanm, men pitit ou"? R/ Men pouki sa mwen te vini.

4. Pouki sa Bondye te lage Jezi pou kont Li? R/ Paske Jezi se te mouton Ki te chwazi pou sakrifis la.

5. Kòman ou ka fè konpran ke moun ki kreye dlo-a ka rive swaf? R/ Se paske menm si Jezi te Bondye, li te yon nonm tankou tout moun.

6. Sa sa vle di:"Tout bagay akonpli"? R/ Mwen fè tou sa m' ta dwe fè pou sove lòm nan peche

7. Lè Jezi di: "Papa, resevwa lespri mwen"

8. Kisa sa vle di? R/ Sa vle di, Jezi mouri.

Leson 7
Jezi leve vivan nan lanmo-a: ki konsekans sa te genyen

Tèks pou prepare leson an: Matye 18:15-20; I Korent 15; Kolòs 1:1-23
Tèks pou li nan klas-la: I Korint 15:12-19
Vèsè pou resite : I Korint 15:57
Fason pou anseye leson an: Istwa, konparezon, Kesyon
Bi leson-an: Montre sa Kretyen an jwenn nan zafè Jezi ki leve vivan nan lanmò.

Pou kòmanse:
Moun mouri leve ! Sa se yon bagay nou pa janm wè. Ala pale bagay sa fè moun pale, papa? Ki sa koze sa vle di menm?

I. Pou Jezikri
Sa vle di Jezi se Pitit Bondye latèt o pye. Wom 1:4 Sa vle di se Jezi ki soti vivan an premye pami mò yo. Kolos 1:18 Sa vle di Jezi se pi gwo chèf: Li pi gran pase tout moun. Filip 2:9 . Poutèt sa, se devan l' tout moun dwe mete ajnou, ke yo rele yo lanj, Akanj, Cheriben ki gen kat (4) zèl. Ezekyèl 10:20-21. Serafen ki gin sis (6) zèl. Ezayi 6:2; Lisifè ak tout demon yo, Lèzòm nan tout nasyon, ke yo gran, ke yo piti, yo tout dwe mete chapo ba devan Jezikri.

II. Pou Moun Ki Kwè Yo
   a. Sa vle di Jezikri gen pouvwa, e Li bay Legliz ki madanm Li, menm pouvwa sa pou bay pou wete, ki vle di, pran tout desizyon nan non Jezi. Matye 18:18.
   b. Li fè Satanledyab wont devan tout moun, lè Jezikri kloure peche nou sou bwa kalvè. Satanledyab pèdi pye sou nou. Kolosyen 2:14-15
   c. Sa vle di, depi jodiya, Jezi padonen tout peche nou yo e sa ba nou garanti : nou gen lavi ki p'ap janm fini an. Kolos 1:13
   d. Sa vle di Jezi gen viktwa sou Satanledyab, sou peche, sou soufwans ak lanmò; avantaj sa se pou tout moun ki kwè nan Jezikri. 1Korent 15:55-58
   e. Sa vle Jezi chita adwat Papa e l'ap plede anfavè nou. Li pwomèt Li va ak nou chak jou jouk sa kaba. Matye 28:20; Wom 8:34
   f. Kounyeya, Jezi voye Lesentespri ba nou e Li ba nou tout pouvwa pou n' fè mirak ak pouvwa pou n' sove nanm nan Non Li. Mak 16:17-18

Pou fini
Piske Kris resisite, se pou nou viv apa pou Li, nan jan nou abitye viv, menm nan kò fanm ou kò gason nou, nan rapò nou gen ak lòt moun, nan fason nap jere kòb nou, nan rad n'ap mete sou nou, nan grad nou genyen kote n'ap travay, se yon fason pou n' preche Levanjil la ak fòs pou lòt yo ka sove tou.

Kesyon

1. Ki leson nou tire nan mirak Jezi soti vivan nan lanmò-a? R/ Jezi se pitit Bondye. Tout moun, tout zanj dwe mete chapo ba devan Li

2. E pou kwayan an, sa l' jwenn? R/ Jezi bay li pouvwa sou Satanledyab, lemonn, lachè; peche li padonen, li gen asirans la vi etènèl

3. Kote nou menm n'ap fè travay bay ak wete-a? R/ Nan Legliz ak lè n'ap fè misyon.

4. Ki sa Jezi te fè pou avili satan? R/ Li klouwe peche nou sou bwa Kalvè.

5. Ki sa moun ki kwè yo ka espere kounyeya? R/ Ke yo menm tou, yo va leve tou vivan soti nan lanmò, Jezi ap toujou kanpe ak yo e ya'p ka fè bagay ki fè moun sezi nan non Jezi.

Leson 8
Travay apòt yo kom yon prèv ke Jezi resisite

Tèks pou prepare leson an: Travay apòt. Chapit 1 a 7; chapit 20 a 24; 1 Korent. 9:16
Tèks pou li nan klas la: Travay.1: 4-8
Vèsè pou resite: Travay 1:8
Fason pou anseye leson an: diskou, konparezon, Kesyon
Bi leson-an: Montre ki jan Jezi toujou la pou apiye tout travay misyonè yo depi nan tan lontan jouk konnyeya.

Pou kòmanse:
Si yon moun ta mande w' pouki sa ou kwè nan Jezikri, ki sa ou ta reponn li? Mwen kwè w' ta di l' se paske w' kapab temwaye sa li fè nan lavi w' e nan lavi moun ou konnen. Annou wè sa:

I. Chanjman nan la vi apòt yo.
1. Yo wete nan lide yo zafè de yon gouvènman sou tè-a pou yo te chèf ladan. Nou sonje yo t'ap sib Jezi paske yo te gen espwa ke li t'ap vini retire yo anba gwo ponyèt gouvènman Women an, pou pèp Izrayèl te gen la mayèt ak wa pa li. Depi menm jou leSentespri rantre nan kè yo, yo bliye sa nèt. Travay apòt. 1:7
2. Answit, yo vi-n brav devan pèsekisyon, e yo te menm kontan lòske yo t'ap soufwi akòz Jezikri. Travay. 5:40-43
3. Jezi apiye misyon yo ak anpil mirak ekstraòdinè, anpil gerizon. Yo separe byen yo bay moun ki pa genyen. Travay 3:7-10; 4:32; 5: 12-16

4. Yo òganize pwemye legliz la ak amou fratènèl. E chak jou yo vini nan Etid biblik. Travay. 2: 42-47
5. Yo òganize premye sosyete misyonè-a ak divès kalite moun san yo pa fè prejije ni pou ras , ni pou koulè. Pa egzanp: Simeyon se te yon nèg nwè nan peyi Nijeria, Banabas se yon Grèk nan peyi Chip; Lisiyis te moun Sirèn, nan Nò Afrik; Manayen, yon ti nonm ki te leve lakay wa Erod, lèdmi Jezi, kounyea li manb nan sosyete misionè-a. Answit nou gen Pòl ki te Jwif e li te sitwayen women tou. Travay. 4:36; 13:2; 22:25
6. Yo pa bay tèt yo pwoblèm pou bezwen materyèl yo ankò, paske se zafè Jezi ki okipe tout lespri yo. Travay 20:24; 1Korent. 9:16

II. **Ki sa chajman sa yo pote**
   a. Konpòtman yo devan pèsekisyon lakòz anpil moun konvèti. Travay 4:1-4
   b. Pa gen moun depi ki depi ki k'ap kraze legliz Kris la. Mat.16:18; 28:20

Pou fini
Apòt yo pate gen pisans paske yo te konnen Jezi lè li t'ap mache sou latè, men paske yo te obeyi a Sentespri-a. Eske nou vle fè tankou yo? Si se vre, Jezi a va fè menm travay la ak nou tou.

Kesyon

1. Ki jan nou k'ap fè konnen travay Lesprisen-an nan lavi apòt yo? R/ Pa amou yo yonn pou lòt, pa kouraj yo, zèv misyonè yo ak mirak yo fè, gras a Sentespri nan lavi yo.

2. Ki moun ki te nan premye sosyete misyonè-a? R/ Pòl, Banabas, Simeyon, Manayen, Lisiyis

3. Ki sa nou te jwenn nan premye legliz la ki te fè yon diferans? R/ Lapriyè, amou yonn pou lòt, Etid biblik, byen yon se te pou yo tout.

4. Ki sa ki te bay valè a travay yo? R/ Pisans Sentespri-a

5. Ki sa Bondye ap tann de nou pou fè menm bagay ? R/ Obeyisans nou a vwa Sentespri-a.

Leson 9
Dis misyon legliz nan monn sa-a

Tèks pou prepare leson an: Mat Chap 18 ak 28; Mac.16; Lik.19: 1-10
Tèks pou li nan klas la: Mat.28: 19-20
Vèsè pou resite : Mat.5:4
Bi leson-an: Fe legliz konen dis gwo bagay li k'ap fè.
Fason pou fè leson an: Konparezon, Kesyon
Pou kòmanse
Bondye pran legliz li, Li mete li kòm katye jeneral li nan mitan monn sa. Ki misyon legliz genyen?

I. **Jeran: Legliz se jeran Bondye**
Legliz se manb nan kò Kris la. Li dwe sèvi ak tout kapasite li gen pou sove nanm k'ap pèdi.
Lik.19:10; Efezyen 4-1-12; 5:23

II. **Dominen:Legliz ap fonksyone tankou li te la.** Jezi di: nou menm se limyè lemonn. Konsa, nou dwe konbat kòripsyon, nou dwe pale kont abi chèf yo ap komèt, nou dwe bay bon egzanp. Mat.5:16

III. **Soryente: Legliz ap fonksyone tankou bousòl lemonn**
Legliz la pou ede fanmiy yo ak bon konferans, bon mesaj, ak bon konsèy pou ede fanmiy yo rete nan chemen ki dwat. Si ou tonbe nan tenten, se legliz ki pou fè ou jwen rout ou ak bon dòz espirityèl. Mat. 5:16

IV. **Korije : Legliz se disèl pou sezonen lemonn.
Mat.5:13** Se li menm ki gen lòd pou korije gwo pwoblèm nan sosyete-a, pou revandike kont zak malonèt, pou li vini ak laverite, lanmou, lajistis, ak tout sa ki bon.

V. **Enstri: Sa se wòl pastè pou'l prepare leson ak pwofesè tou paske se legliz sèl ki gen revelasyon Bondye pou li k'ap revele li a lòm.** Pi bon lekòl ki genyen se sila ki dirije pa bon pwofesè kretyen, ki gen konpetans. Se sèl mwayen pou konbat dwòg, vòl, vyole moun, vyolans, vi vagabon ak tout latriye pwoblèm yo pote. Mat.28:19

VI. **Padonen: Legliz ta dwe an premye pou montre tolerans ak espri de padon.** Legliz la pou akeyi tout moun ak defo yo, ak lide pa yo, pou li aksepte yo tout nan lanmou Jezi. Si yon moun ap pale de dechoukaj, de tiye moun, de vanjans, moun sa li pa gen Sentespri Bondye sou li. Se sa Jezi di nan Mat.18:1-22 ; Lik. 9: 54-56

VII. **Kondanen: Legliz se yon jij, e yon konseye tou.** Legliz dwe chwazi moun ki gen sajès, pou rekonsilye frè ki pa dakò antre yo. Bondye ap toujou apwouve desizyon yo pran. Okontrè, se yon staj y'ap fè: Sonje yon jou nou gen pou jije lemonn ak tout move zanj yo. Mat.18:19; 1Korent.6:2-3

VIII. **Rekonsilye: Legliz se yon anbasadè.** Legliz se yon minis Bondye ap plen pouvwa pou atire lèzòm a Bondye ak amou, èd materyèl ak espirityèl. Mat.28: 18-20; Travay 4:322; Korent. 5:20

IX. **Chèche: Legliz se mesaje Bondye.** Kris di a pechè yo: *"Vini jwenn mwen"*. Men li di Legliz " *Ale tou patou*" Se sa ki misyon nou. Mat. 11:28; 28:19; Mak.16:15.

X. **Sove: Legliz la pou preche mesaj evanjelizasyon pou mennen pechè yo a la konvèsyon.** Sonje ke Jezi te di ke bi misyon li se vini chèche e sove sila yo ki te pèdi. Nou pa k'ap fè lide pa nou. Konsa, annou ale pou n'al sove yo gras ak pisans Sentespri nan lavi nou. Mak.16: 16; Lik 19:10

Pou fini:
Eske ou nan Legliz? Ebyen ale konnyeya al preche ak pouvwa Sentespri-a.

Kesyon

1. Dapwè leson sa, di nou o mwen kat (4) bagay legliz gen pou l' fè. Enstri, konseye, preche, jije.

2. Ki moun ki pral jije lemonn ak move zanj yo?
   Legliz

3. Pouki sa legliz gen moun ki saj nan mitan li?
   Pou ede frè yo nan lavi espirityèl yo.

4. Dapwè wou , ki pi bon lekòl ki genyen?
   Se yon lekòl ki dirije ak pwofesè kretyen, ki gen konpetans.

Leson 10
Set(7) mach eskalye nan la vi yon kretyen

Tèks pou prepare leson an: Jan chap 12 ak chap 16; 2Tim. 3:12

Tèks pou li nan klas la: Jan. 5: 1-8

Vèsè pou resite: Jan.15:5

Bi leson an: Prezante sèt (7) pas kretyen gen pou li travèse nan lavi li .

Mwayen pou fè leson an: Konparezon, Kesyon

Pou kòmanse:
Yon kretyen se yon konpanyen pou Jezi. Yo tou de mache ansanm. Wout la pa fasil. Men ou pa bezwen pè, y'ap rive kan menm. Annou wè ki chemen li pase ak nou.

I. **Temwayaj pou Kris.** Jan 12: 42; Women 10: 10-11. Kretyen pa dwe pè je pèsòn pou li k'ap di devan tout moun sa Kris fè nan lavi li. Dèske ou konnen Jezi tout bon, bouch ou pa gen dwa rete fèmen.

II. **Yon vi pwòp nan gras Jezikri.** Jan.13:5-8. Zafè lavman pye-a se yon siy de padon a pwochen nou ki te fè nou ditò. Sonje se pa dlo ki lave pye–a ki fè nou pwòp, men se Pawòl Bondye-a Jan .15:5 Si nou gen pawòl sa nan kè nou, nou lave anba tout salte peche. Konsa nou dwe padonen frè nou menm jan Jezi te padonen nou.

III. **Kominyon ak Kris** : Jan.13:23 Nou wè disip yo te rele Jan, li te si zanmi kole ak Kris ke li te kouche tèt li sou lestomak Jezi.

IV. **Yon vi depouye**: Jan . 15:2; Gal 2.20 Gen de lè, Bondye wete kèk byen materyèl nan men nou pou li gen plis plas ak plis tan pou travay nan lavi espirityèl nou.

V. **Konsolasyon nan Jezi-Kri.** Lavi kretyen fèt ak soufwans , mankman, lit. Men viktwa nou asire davans. Jezi te di: Kenbe fèm, mwen deja gen viktwa sou monn sa. Jan 16:33

VI. **Konsekrasyon nan JeziKri**: Jan.15:4 Kris pa di nou pou nou demere nan yon group, nan yon relijyon, ou byen nan yon pwoblèm. Li di pou nou demere **nan Li**. Si nou demere nan Li, zèv nou va prouve sa.

VII. **Soufwans akòz non Jezikri**: Jan 15:9 Lapòt Pòl di nou ke soufwans se lo kretyen 2Tim.3:12

Pou nou fini:
Eske se yon chemen ki fasil? Janmen! Men nou gen viktwa ak espwa paske Jezi se chemen-an. Annou siv li jiskobou pou nou gen chans reye ak Li.

Kesyon

1. Ki tit leson an?
   Sèt(7) Tablo lavi kretyen an. Mach eskalye nan la vi yon kretyen.

2. Ki kote nou jwen fòs pou nou lite e gen viktwa?
   Nan Jezi sèl.

3. Ki sa relijyon ka fè pou nanm nou?
   Anyen.

4. Ki sa ki pirifye nou?
   Pawòl Bondye-a.

5. Eske yon moun ka kretyen san li pa gen soufwans?
   Non

6. Ki pi bon pozisyon pou yon kretyen?
   Piye sou lestomak Jezi tankou Jan.

7. Ki sa lavman pye-a vle di?
   Pou nou padonen moun ki fè nou ditò epi rekonsilye ak yo.

Leson 11
Set (7) pwogres nan la vi yon kretyen

Tèks pou prepare leson an-a: Jan 8.36-38; Fil.3: 1-14; Ebwe 6:1-11; Kol.1:1-11; 1Tes. 4:9-10; 2Tes.1:3
Tèks pou klas la: 2Pyè. 3:17-18
Vèsè pou resite : 2Pyè.3:18
Bi leson an: Montre ki eta vi espirityèl yon kretyen ye lè li ap grandi nan kominyon ak Bondye.
Mwayen pou fè leson an: diskou, konparezon, Kesyon

Pou kòmanse
Pou w' sa konnen si yon ti bebe gen sante, se lè li gwosi, li grandi, li pran pwa. Li gen apeti, li dòmi byen, li fè ti souri de tanzantan. Se menm jan nan lavi yon kretyen. Li dwe ap fè pwogrè toutan nan vi kretyen li. Pou sa k'ap konsa men sa li dwe fè:

I. **Li dwe bat pou li zero fot nan sa l'ap fè.** Ebre 6:1 Li dwe gen vi li livre nan Bondye. Kretyen an dwe kite tout move mès, vye labitid li te gen lè li pat ko konvèti. Menm lè sa, li dwe konnen doktrin li, li dwe mache legliz e li dwe viv nan lapriyè. Wo.8:13

II. **Li dwe kouri san gade dèyè nan rout lavi kretyen an.** Filip. 3:13. Se sa nou rele pèseverans. Li dwe aktif, livre nan men Seyè-a, renmen pi plis chak jou. 1Tes.4:9-10 Se Lespri Bondye nan li ki fè kretyen kapab renmen pwochen li. Yon moun k'ap viv nan peche pa k'ap renmen tout bon.

III. **Li dwe gen anpil lanmou nan kè-l chak jou.**
1Tes.4: 9-10
Se Lesprisen nan kè-l ki fè li kap renmen menm moun ki rayisab. Sèlman moun kap viv nan peche pa kap bay lanmou dapwe Bondye.

IV. **Li dwe ranpli ak esperans.** Ebre.6:11
Kretyen pa janm rate okazyon pou li louwe Bondye. Se kò li ki sou latè; tout vi li deja chita nan syèl la.

V. **Li dwe grandi nan konesans Pawòl la.** Col.1: 10 Kretyen se yon moun ki toujou ap chèche konnen. Li p'ap manke sèvis Adorasyon, Etid biblik, ni Lekòl Dimanch pou fè okenn moun plezi, e li toujou ap poze kesyon pou li k'ap konnen bagay yo pi byen.

VI. **Li dwe grandi nan fwa li.** 2Tes. 1:3 Li dwe aksepte volonte Bondye. Lè yon leprèv vi-n frape li, li pa wè li tankou se yon malè ki rive li, men li wè pito yon bèl okazyon Bondye bay li, pou li sa dekouvri yon lòt bagay nan Bondye ke li pate konnen.

VII. **Li dwe rete nan Pawòl la.** Jan.8:31
Kretyen an dwe pou sonje ke se pate ni bon tanperaman, ni konn degaje ki te sove moun yo ki te sove nan tan Noye-a, men se te obeyisans yo te gen pou rantre nan lach la. Konsa, kretyen dwe pou li rete nan sa Pawòl la di tankou yon bon disip. Sa vle di pou li fè Bondye konfians e pou li rete lwen fòs doktri-n.

Pou fini:
Men sa ki fè vi kretyen an bèl! Eske ou vle grandi nan vi kretyen w?

Kesyon

1. Ki tit leson an? R/ Sèt pwogrè nan vi yon kretyen.

2. Sa sa vle di pou li zero fot?
   Yon vi livre nan Bondye san gade dèyè.

3. Sa sa vle di kouri nan vi kretyen an ? R/ Pèsevere

4. Ki jan pou yon kretyen k'ap grandi nan lafwa li? Aksepte volonte Bondye menm nan leprèv.

5. Ki jan pou yon kretyen ka demere nan Pawòl Bondye?
   Oebyi Kris , evite fòs doktri-n.

Leson 12
Eske Pyè te yon apòt ou yon Pap?

Tèks pou prepare leson an: Ex.17:6; Mat.16:17-23;18:18; 1Pyè.2:4-6; Lik.22:24-26; Jan.20:21; Gal.2:11-14; Travay 8:14-25; 15:22-29; Travay chap 10; 1Korent. 4:9; 10:4; 1Pye.5:1
Tèks pou li nan klas la: Mat.16:17-23
Vèsè pou resite: Mat.16:18
Bi leson an: Montre ke Legliz bati sou Kris, se pa sou Pyè ni okenn Pap.
Fason pou nou fè leson an: Istwa, konparezon, Kesyon

Pou nou kòmanse:
Apòt Pyè se te sila ki te pi popilè nan tout douz (12) zapòt yo. Aprè lanmò Jezikri, nou wè li te lage kò l' tout bon nan zafè preche levanjil. Se te yonn nan rezon, legliz Katolik bay li tit Pap ak pouvwa pou li bay pou li wete. Annou wè sa labib la di sou koze sa-a:

I. **Pyè ak Jezi**
 1. Jezi pale ak Pyè, li di li: " Ou menm se Pyè (nan lang grèk: Petwòs, ki vle di yon ti wòch), sèlman se sou gwo wòch la (nan grèk : Petra, sa vle di yon gwo tonton wòch), mwen va bati legliz mwen. Mat. 16:18 ; 1Korent 10:4
 2. Pòl apiye deklarasyon sa lè li di: "Nou bati sou baz apòt yo ak pwofèt yo. Li pa di Pyè, men li di **Jezi se li menm ki gwo wòch pwensipal la**. Efezyen 2:20. Li rekonèt ke Jezi se sèl baz, se sèl bit kote nou kanpe. 1Korent.3:11
 3. Lapòt Pyè li menm te prezante Jezi tankou Wòch vivan sou ki nou dwe apiye. 1Pyè. 2:4-6

4. Jezi li menm pa t' janm konsidere Pyè pi plis pase lòt apòt yo. Lik.22: 24-26
5. Lè Jezi t'ap pale nan Jan. 21: 15-17 se te yon fason pou Li montre Pyè ke li te padonen li apre li te renye Li.

II. Pyè ak lòt apòt yo.
1. Si lapòt Pyè te Pap, sedwe pou lòt moun paske Legliz Kris la pa t' konnen li konsa. Lè apòt yo t'ap voye Pyè ak Jan nan misyon nan vil Samari, yo te bay yo menm tit, pate gen Pap ladan. Travay 8:14
2. Si Pyè te Pap, pouki sa li te refize moun mete ajenou devan li pou adore l' tankou Pap yo konn fè ? Travay 10: 24-26
3. Si Pyè te Pap kòman fè se pa te li ki te alatèt Konsil Jerizalèm nan? Travay 15: 22-29
4. Si Pyè te Pap, pouki sa labib te prevwa yon travay pi gran pou Pòl olye de Pyè? Bib la di ke Pòl te desiye kòm apòt pou preche payen yo nan tout peyi alòske Pyè te la pou preche Jwif yo. Gal.2:8
5. Ata Pyè li menm deklare ke li pa pi gran pase lòt apòt yo paske Jezi te bay li pou fè menm travay ak yo . Jan .20: 21; 1Pyè 8. 5:1
6. Pap yo toujou di yo p'ap janm fè anyen ki mal, alòske Pòl te toujou ap rale zòrèy Pyè, paske byen souvan li t'ap fè sa ki pa t' sa.
Travay 11: 2; Gal. 2: 1-14

III. **Lapòt Pyè ak zafè kle pòt syèl la.**
1. Se levanjil ki kle pòt syèl la. Se Jezi sèl ki pòt syèl la. Jan .10:9
2. Nan jou fèt Lapannkot la, Pyè louvri pòt levanjil bay Jwif yo. Travay 2:38-42
3. Pyè ak Jan te louvri menm pòt sa pou moun Samari yo. Travay 8:14-15
4. Pyè pou kont pa l' te louvri menm pòt sa a Kònèy, yon kaptèn nan lame Wòm. Travay chap .10
5. Tout kretyen gen kle sa: se levanjil la n'ap preche pou sove nanm pèdi. Yo gen asirans lè yo delivre yon moun nan peche li ak mesaj levanjil la, Jezi nan syèl la deja apwouve li. Mat.16:19

VI. **Men sa nou dwe sonje. Wom 16: 5-23**
1. Pyè pate janm mete pye li a Wòm. Lè Pòl te voye lèt bay kretyen nan lavil Wòm nan lane 58 , Pyè pate la.
2. Nan lane 68, lè apòt Pòl te voye salye 28 kretyen a Wòm, li pa t' nonmen non Pyè.
3. Lè Pòl ekri dezyèm lèt li a Timote nan lane 67, li pat mansyonnen non apòt Pyè. Si li te a Wòm, se dwe kòm mati kan yo te krisifye li tèt anba.

Pou nou fini
Pyè pa t; janmen a Wòm. Jezikri pa t' janm di li t'ap etabli yon katye jeneral sou latè kote li t'ap mete yon nonm pou repwezante l'. Li pa t' janm pwomèt okenn grad a okenn disip. Poutan Bondye li men, li mete nou apòt yo dèyè nèt. Li pa t' mete nou Pap, Li pa t' pale de chèf anro tout legliz. Li te di : nou va sèvi Li temwen.

Li pate mete nou Pap. Annou lage kò nou nan men mèt la tankou Pyè ak Jan ki te fè yo piti nan men Seyè-a. 1Korent 4:9

Kesyon

1. Ki moun Pyè te ye? R/ Yon apòt tankou lòt apòt yo.

2. Eske apòt Pyè te konn fè peche? R/ Wi, tankou tout moun.

3. Ki sa kle wayòm syèl la vle di? Predikasyon Bòn nouvèl la.

4. Eske apòt Pyè te gen kle syèl la? R/ Wi, tankou tout kretyen.

5. Ki lès ki pi gwo chèf nan legliz ? R/ Jezikri

6. Eske apòt Pyè te ale nan lavil Wòm ?R/ Non

7. Ki sa sa vle di: "mare, demare" R/ Sove moun, kondanen moun ak levanjil la.

8. Eske tout kretyen gen pouvwa sa ? R/ Wi.

Revizion Vèsè Yo

1. **Leson 1: Levanjil Jezikri se plan Bondye pou sove lèzòm**
   Se paske Li renmen nou ki fè li delivre nou, nou menm ki mete konfians nan Li. Sa pa soti nan nou menm se yon kado Bondye ban nou. **Efez 2:8**

2. **Leson 2: Bwa kalvè, se la Sali lèzòm soti**
   Epi li di yo tou: Si yon moun vle mache dèyè m', se pou li bliye tèt li, se pou l' chaje kwa sou zepòl li chak jou, epi swiv mwen. **Lik. 9:23**

3. **Leson 3: La Pasyon: tout peripesi Jezi te pase.**
   Li di: si sèlman, jodiya ou te kapab konprann, ou menm tou, bagay ki pou fè kè w' poze. **Lik 19:42.**

4. **Leson 4: Kisa lagras Jezi ka fè pou nou**
   Bondye fè Moyiz bay nou lalwa. Men se Jezikri ki fè nou konnen renmen Bondye-a ansanm ak verite-a. **Jan 18:17**

5. **Leson 5: Fèt Pak jwif ak fèt Pak kretyen an**
   Aprè sa li pran pen an, li di Bondye mèsi, li kase li. Li bay yo l', epi li di yo: Sa se kò mwen. Se mwen menm ki ba li pou nou. Se pou nou fè sa pou nou ka toujou chonje mwen. **Lik 22:19**

6. **Leson 6: Sèt (7) pawòl Jezi te di lè l' te sou lakwa.**
   Se Lespri ki bay lavi. Kò-a pa vo anyen. Pawòl mwen di nou an yo soti nan Lespri Bondye, yo bay lavi. **Jan. 6:63**

7. **Leson 7: Jezi leve vivan nan lanmò, ki konsekans sa te genyen**
   Men , ann di Bondye mèsi, li menm ki fè nou genyen batay la sou lanmò granmèsi Jezikri, Seyè nou an . **1Korent 15: 57**

8. **Leson 8: Travay apòt yo, se yon prèv ke Jezi resisite.**
   Men Lesentespri-a va desann sou nou, na va resevwa yon pouvwa, lè sa-a nou va sèvi m' temwen nan Jerizalèm, nan tout Jide, ak tout Samari, jouk nan dènye bout latè.
   Travay 1:8

9. **Leson 9: Dis (10) travay legliz dwe akonpli nan monn sa.**
   Se limyè nou ye pou moun sou latè. Moun pa kapab kache yon lavil ki sou yon mòn. **Matye 5:14**

10. **Leson 10: Sèt pwogrè nan lavi yon kretyen .**
    Mwen se pye rezen an , nou se branch yo. Moun ki fè youn avè m' , moun mwen fè youn ak li, l'ap donnen anpil, paske nou pa kapab fè anyen san mwen. **Jan 15:5**

11. **Leson 11: Sèt (7) profi nan lavi yon kretyen**
    Okontre, se pou nou grandi nan favè ak konesans Jezikri, Seyè nou ak Sovè nou. Se pou Li tout louwanj la, koulyeya ak pou tout tan. Amèn **2Pye. 3:18**

12. **Leson 12: Pyè te yon apòt ou yon Pap?**
    Mwen menm, men sa m'ap di w' : Ou se yon wòch, Pyè . Men sou wòch sa-a m'ap bati legliz mwen. Ata lanmò pa k'ap fè li anyen. **Mat 16:18**   .

DIFE TOU LIMEN

Seri 2

NEYEMI

Dezyèm Seri Neyemi

Avan gou
Nou twouve nou jodya nan wayom wa Atazèzès Long Men. Li te wa lè sa nan peyi Lapèrs. Tout moun te konnen jan nonm sa te toujou renmen fè movesan. Nan menm moman saa, li te pran kom segretè prive li yon jenn gason yo te rele Neyemi. Neyemi se te yon jwif nan fanmiy lelit la ki te tonbe nan diaspora nan peyi Lapèrs la. Yon jou, pandan li te kay waa, li te resevwa vizit frè li Anani ki vin anonse li ke miray peyi yo Jerizalèm, vil Bondye adopte'a, li te tonbe. Nan liv sa, nou va konnen tout demach nonm patryot sa te fè bò kote waa pou pwoteje enterè peyi li. An nou kenbe kontak ak Neyemi.

Leson 1
Neyemi, yon lide relijye

Tèks pou monitè a: Ne. 1:1-11, 2:1-9; 7:5-7; 13:4-7
Tèks pou klas-la: Ne. 1:4-11
Vèsè pou resite: Ne.1:11b
Fason pou fè leson-an: Diskou, istwa, Kesyon.
Bi: Rive montre kijan lidè-sa te gen lafwa nan moman kriz yo.

Pou komanse:
Kretyen, lidè, eske' w twouve'w anfas yon gwo pwoblèm ki san solisyon. Enben, annou koute Neyemi.

I. **Ki moun Neyemi te ye.** Ne.1:2; 7:6-7
Se te yon jwif nan tribi Juda. Li tap viv nan kay wa Atagzesès, depi yo te depòte-l nan peyi Babilòn nan. Ne.1:2; 7:6-7 Li te kon-n pale lang ebre ak lang babilonyen-an.

II. **Ki pozisyon li te okipe.** Ne.1:1,11; 2:1-2.
1. Li te chèf kanbiz wa-a: sa vle di se li ki te gen pou goute tout manje yo ak tout bwèson yo pou wè si yo bon, anvan li te gen pou pote yo bay wa-a. Lè konsa figi-l te dwe byen fre ak bèl souri, pou wa pa kwè ke li tap vi-n bay li pwazon. Si li pat konsa, wa a te kap fè touye-l la menm. Ne.1:1-11; 2:2

2. Li tap viv nan gran palè li gen nan Siz ki te kapital peyi LaPèrs la. Se yon kote ki te fè frèt anpil. Waa te rete la pou kont li paske li te pè konplo anpil. Konsa li te dwe jwen-n yon nonm saj, ki ka kenbe sekrè e ki konn sa lap

fè-a. Neyemi te jwe wòl pwemye Minis ak wòl Mèt seremoni.

III. **Ki pwoblèm Neyemi te genyen.**
Ne.1:1; 3,7; 2:1

1. Lè frè-l, Anani, te pale-l kijan miray lavil Jerizalèm nan te fi-n kraze nèt, li te pase kat (4) mwa nan lapriyè mwa Kislèv a mwa Nisan ki vle di Desanm a Avril nan kalandriye Jilyenan, pou mande gras lamizerikòd Bondye pou pèp la.
   Li te rantre nan santiman pèp la kan li te konfese peche pal ak peche pèp la te fè depi lontan, e mande Bondye padon. Ne.1:7. Lè wa mande-l: Kisa-w ta renmen-m fè pou ou? Li priye Bondye anvan li repon-n. Ne. 2:4

IV. **Ki demach li te antrepran-n.**
Men sa Neyemi te mande wa-a :
1. Yon paspò ak viza miltip paske lap gen pou-l pase douzan nan lavil Jerizalèm.
Ne.1:1; 2:7-9; 13:6.
2. Yon kat kredi wa pou li kap achte materyo ak pou pran swen tèt li. Ne.2:8
3. Kèk Gad sekirite ki te ofisye nan lame-a ak kèk kavalye pou kenbe-l konpayen. Ne.2:9

Pou fini
Repons-la pa ni nan kriye, ni nan lage tò sou do lòt moun non! Men se nan lapriyè ak aksyon-l ye. Se pou nou fè tankou Neyemi. Jezi pap manke la pou ede nou.

Kesyon

1. Ki moun Neyemi te ye?
   Yon Jwif yo te depòte nan peyi Babilòn.

2. Ki pozisyon li te okipe ?
   Chef kambiz, Premye Minis wa-a.

3. Ki lokipasyon-l te genyen nan tèt li?
   Rebati miray lavil Jerizalèm yo.

4. Pandan konbyen tan li te priye pou pwojè-a?
   Pandan kat (4) mwa.

5. Sa-l fè lè wa a di-l, ki sa-m ka fè pou ou?
   Li priye.

6. Sa-l mande wa-a?
   Yon viza miltip, kèk lèt rekòmandasyon, yon kat kredi wa-a ak kèk ajan sekirite.

7. Kote viktwa li tap soti?
   Nan men Bondye.

Leson 2
Neyemi, yon lide patriyot

Tèks pou monitè-a: Ne .chap.1 ak 2
Tèks pou klas-la: Ne.2:17-20
Vèsè pou resite: Ne.2:18b: Annavan! An nou leve!
Ann al rebati!
Bi leson-an : Montre koman Neyemi rive fè pèp la pran konsyans.
Mwayen pou fè leson-an: Diskou, istwa, Kesyon.

Pou kòmanse
Apwe li fi-n pase plizyè lane nan diaspora, men Neyemi ki rive tou cho nan lavil Jerizalèm. Kòman la pral fè pou-l fè pèp la sonje-l ? Kòman la pral fè poul chofe yo sou travay la ? Annou gade byen sa lap fè.

I. Ki mannigèt li antreprann. Ne 2:9
Li remèt lèt rekòmandasyon wa-a a otorite nan gouveman-an yo. Konsa li kap genyen tout avantaj ke lèt sa yo ba li. Sa tap pase yon lòt jan wi, si se te yon dekolaj li te fè ou byen yon vwayaj nan kontrebann ou si li te pran lezam pou bay yon koudeta.

II. Ki plan daksyon li te itilize.
1. Li pase 3 jou nan lavil Jerizalèm pou fè kontak ak moun epi pou chwazi moun ki pral travay avè'l. Ne.2:11
2. Li pa di yon mo sou vwayaj li a. Ne.2:12-16.
3. Nan mitan lannuit li egzaminen eta ranpa lavil Jerizalèm pou wè ki kantite travay lap gen devan li, konsa li pa kite pèson sispèk sa li te vin-n fè. Bravo pou Neyemi ! Ne.2:12-15

4. Li vi-n pran plis konsyans nan ki traka jwif yo te ye. Ne.2:17

III. Kòman li motive pèp la
1. Li atire atansyon sou pwoblèm-nan.Ne.2 :17
2. Li fè pèp la konnen kijan wa a dispose ede-l ak tout travay li gen anba men-l. Apwe sa, pèson pa poze-l oken-n Kesyon dwòl ak pawòl anpil paske sa-l te di-a te byen klè. v.18
3. Lè li te di yo vini non! nou pwal rebati miray ranpa yo, Pèp la repon-n: Bon, an avan! An al rebati'l! Ne. 2:17-18b
4. Nou va wè tou ki jan lè moun tap kraponnen yo, sa te bay yo plis odas pou yo fè travay la.

Pou fini
Gade ki bèl lespri sevitè-a genyen! Plis li pale ak Bondye plis pwoblèm nan vi-n piti devan li. Avan lontan, li vi-n mete men nan konstrisyon-an. Eske'w ta vle mete men-w tou nan travay la?

Kesyon
1. Kisa Neyemi te fè lè li rive? R/ Li remèt lèt rekòmandasyon yo a otorite gouvènman an.
2. Dapwe nou kisa-l fè nan 3 jou apwe yo? R/ Li pran kontak ak lidè ki panse byen yo epi li chwazi moun ka pral travay nan miray yo.
3. Poukisa se nan mitan lannuit lite egzaminen eta ranpa lavil la? R/ Pou yo pa te sispèk sal te pral fè-a pou yo pa te gate plan li.
4. Kijan Neyemi fè rive fè genyen pèp la? R/ Li te fè yon motivasyon dirèk, li pa te pase akote.
5. Kijan li reyaji anfas opozisyon -an? R/ Li te rele Bondye avan li reponn yo e li te kenbe tèt ak yo.

Leson 3
Neyemi ak plan pou li fe travay la

Tèks pou monitè-a: Neyemi 3:1-22; 1Korent.15
Tèks pou klas la: Ne. 3:1-5
Vèsè pou resite: 1Korent. 15:58
Fason pou fè leson-an: Diskou, konparezon, Kesyon
Bi leson an: Montre ki jan motivasyon an fè pèp la dispoze fè travay la.

Pou kòmanse

Neyemi monte plizye ekip travayè. Eske ou fè pati moun sa yo? Si -w pa ladann, an nou gade wè ki jan li separe travay la.

I. **Kòman li separe travay la**
  1. **Dapwe konpetans moun yo**. Gen moun li mete nan konstriksyon gen lòt yo nan reparasyon.Ne. 3:2, 9, 11, 27.
  2. **Dapwe diferan metye**. Moun sa yo te travay ansanm menm si yo pat soti menm kote. Pa egzanp
     a. Moun ki reskonsab legliz. Ne. 3:1, 17
     b. Moun ki konn fè pafen ak òfèv. Ne. 3:8
     c. Moun ki nan lame. Ne. 3:7
     d. Moun ki chèf sivil. Ne.3:9
     e. Moun ki vle bay konkou tou, men ki pa gen yon pwofesyon. Ne.3:10
  3. **Dapwe kote yo soti-a**. Li mete ansanm moun ki soti menm kote yo pou yo rive kominike pi fasil epi pou yo pa gen pwoblèm:
     a. Moun lavil Jeriko yo yon bò . Ne. 3:2
     b. Moun lavil Tekoa yo yon bò Ne. 3:5
     c. Moun lavil Gabaon yo yon bò. Ne. 3:7

    d. Moun sou bo solèy leve a yon bò Ne. 3:26 (Nethiniens)
    e. Levit yo ak prèt yo yon bò. Ne.3:17, 22
    f. Ofèv yo ak komesan yo yon bò. Ne3:32
4. **Dapwe katye yo rete-a.** Fason sa pèmèt yo pat depanse pou transpò, ni manje. Epi tou chak moun te ka defann fanmiy yo si ta gen yon pwoblèm. Ne3:21-23; 28-30
5. **Apwe tou sa, li bay pouvwa a chak chèf ekip yo.** Egzanp: Eliachib, Ne.3:2. Jojada. Ne.3 :.6; Anoun Ne. 3:13

II. **Kòman li fè konpliman a travayè yo**
1. Neyemi te ba yo yon apresyasyon devan tout moun, pou bèl jefò yo te fè. Ne.3:11,19-21, 24, 27, 30
2. Chèf lavil Tekoa yo pat dakò ak travay Neyemi tap fè. Men malgre sa moun lavil Tekoa te fè yon si bèl travay ke Neyemi te pale de li. Ne.3: 5, 27

Pou fini:
Konsa Neyemi fè kalite travay yon espesyalis ak yon èkspè nan relasyon moun ak moun. Eske-w ranje-w bò kote chèf lavil Tekoa yo, lidè negatif pou anpeche konstriksyon an? Pito-w fè tankou moun lavil Tekoa yo. Konsa wa koute sa pastè-w di-w fè, paske li menm se Bondye lap koute.

Kesyon

1. Kijan Neyemi te fè separasyon travay la?

2. Dapwe konpetans, diferans, pwovnans ak katye kote moun yo rete.

3. Kijan li te kenbe yo sou konpa travay la?
   Li tap fè yo konpliman.
   Ak lapriyè, ak konn apwesye moun

4. Ki kalite-w ta ba Neyemi?
   Espesyalis nan travay, nan relasyon moun ak moun.

Leson 4
Neyemi ak dis potay pou antre nan miray la

Tèks pou monitè-a: Ne.chap.3; Mat. 25:34-36; Jan. 4; 35; 2 Pye 3v18
Tèks pou klas-la: Ne. 3:1-3
Vèsè pou resite: Jan 10 : 9
Fason pou fè leson-an: Konparezon, Kesyon
Bi leson an: Prezante diferant sijè pou la vi yon kretyen ke nou ta dwe pwan swen pou nou siveye.

Pou kòmanse:
Miray ranpa lavil Jerizalèm nan te laj anpil. Li te gen 10 pòtay pou antre ladann. An nou wè sa yo vle di nan la vi yon kretyen.

I. **Premye pòtay la ki rele pòtay Mouton yo:**
Li vle di se Jezi ki bèje a. Ne 3:1 Se gran Prèt la Eliachib ak lòt prèt yo ki rebati pòt sa. Jezi di: Se mwen menm ki pòt Mouton yo Jan 10 :9. Pastè yo ansanm ak lidè legliz yo gen pou devwa pou bati pòt Mouton yo, sa vle di pwan swen fidèl legliz yo.

II. **Dezyèm pòtay la ki rele Pòtay Pwason yo:**
Li vle di: Evangelizasyon Ne.3:3; Jan 4:35 Se Moun branch fanmi Sena yo ki rebati pòtay sa a. Yo fè nou chonje Pye, Jak ak Jan ki te jete filè yo pou ramase pwason. Bondye mande nou pou mache anonse levanjil la pou fè moun antre nan bèl patiraj Jezi Kris la.

III. **Twazyèm pòtay la ki rele Pòtay Ansyentan**
Li vle di Pawòl Bondye. Se Jojada ak Mechulam ki rebati pòtay sa a epi ki mete yon kouveti sou li. Pòtay la ansyen vre men li toujou bon. Nou dwe koute Pawòl la. Menm si li la lontan, li ansyen anpil, li toujou nouvo.

IV. **Katryèm pòtay la ki rele pòtay nan Vale' a.**
Ne. 3:13
Li vle di wout abèsman an, wout imiliasyon kretyen an. Anoun ak moun ki rete lavil Zanoak te rebati pòtay sa a. Kretyen gen pou-l sibi anpil imilyason ki la pou fòme-l. Si se pa sa, lap gen pou-l desann nan bafon angwas ak kè sere'a, nan bafon dezespwa-a.

V. **Senkyèm pòtay-la ki rele Pòtay depotwa-a**
Li vle di repantans ak konfesyon. Ne.3 :13 Se Malkija ki rebati pòtay sa a. Gade byen Anoun ouvri pòtay nan yon distans de milsenksan (1,500) pye de pòtay nan Vale a. Sa vle di, apwe nou fi-n repanti, nou dwe kanpe lwen tout sa ki te konn fè nou tonbe nan peche pou nou pa rekòmanse.

VI. **Sizyèm pòtay-la ki rele Pòtay Sous Dlo-a**
Li vle di jèn ak lapriyè. Ne.3 :15 Se Chaloum ke te rebati pòtay sa a epi ki te bati yon resèvwa pou konseve dlo-a. Lè vi-ou pase nan jèn ak lapriyè se yon resèvwa gras espirityèl ke kretyen ka itilize lè moman yo vin difisil.

VII. **Setyèm pòtay la ki rele Pòtay Kaskad Dlo yo**
Li vle di levangil Ne.3 :26 Kretyen pa la pou li la bib sèlman pou al preche, men pou rafrechi nan-m li nan kaskad dlo gras Bondye. 2 Pye 3:18

VIII. **Uityèm pòtay la ki rele Pòtay chwal yo.**
Ne.3 : 28
Li vle di preparasyon pou lagè. Nan tan sa a, chwal yo te antrene pou batay, Kretyen an dwe pare pou konbat nan vi sa a. Li dwe ame ak tout zam Bondye yo pou lite kont riz Diab la. Efez.6 :10.

IX. **Nevyèm pòtay la ki rele pòtay solèy leve a.**
Ne.3 : 29
Li vle di louwanj. Se la solda yo te kont kanpe pou sonnen twonpèt yo anvan yo ale nan batay. Kretyen an dwe mete-l nan pozisyon pou louwe Bondye nenpòt ki lè pwoblèm yo vini sou wout li.

X. **Dizyèm Pòtay La Ki Rele Pòtay Mifkad La.**
Ne.3 :31
Li vle di rasanbleman pou jijman-an. Lè Jezi va vini Kretyen an dwe konnen ke-l pap gen pou-l pase nan pòt sa a. Dapwe Jan 3 :18, li va nan mitan moun Jezi va swate byenveni nan wayòm papa Li nan denye jou. Matye 25:34

Pou fini:
An nou gade pòt sa yo ak anpil swen paske Malen an ap cheche tout ti pwen fèb nou yo pou li ka anvayi nou.

Kesyon

1. Sa pòtay Mouton an vle di? Jezi Kri.

2. Sa pòtay Pwason an vle di? Evanjelizasyon.

3. Sa pòtay Ansyen an vle di? Pawol Bondye a.

4. Sa pòtay Vale-a vle di? Wout imilyason an.

5. Sa pòtay Depotwa a vle di? Repantans ak konfesyon.

6. Sa pòtay Sous Dlo-a nan vle di? Jèn ak lapriyè.

7. Sa pòtay Kaskad Dlo yo vle di?
   Levanjil la se yon kaskad dlo ki plen ak gras la.

8. Sa pòtay Chwal yo vle di?
   Kretyen an dwe pare pou batay la vi-a.

9. Sa pòtay Soley leve a vle di?
   Kretyen an dwe pare pou fè louwanj Bondye.

10. Sa pòtay Mifkad la vle di
    Rasanbleman pou jijman an.

Leson 5
Neyemi anfas opozisyon.

Tèks pou monitè a: Jos.13:3; Ne. chap.4 a 6; 2 Istwa 20 :1.

Tèks pou klas la: Ne. 4 :10-16

Vèsè pou resite a: Ne 4 :14b

Fason pou fè leson-an: Dikou, konparezon, Kesyon

Bi leson an: Montre kijan Neyemi ap jwen bout moun ki pa te vle wè-l yo.

Pou kòmanse:
Tout bagay tap mache byen lè yon kalite advèsè fè menas pou fèmen travay la. Ki sa Neyemi te fè? An nou gade.

I. **Moun ki pat vle travay la fèt: Ne. 4 :1-9**

1. Sanbala, moun lavil Horonit yo, yon chèf nan peyi Samari Ne.2 :19 Dapwe li, si miray lavil Jerizalèm ta fi-n rebati, lap vi-n twòp pou yo. Peyi li Samari apwal pèdi enfliyans nan komès ak nan politik. Pou rezon sa, fò-l fè kon-l konnen pou travay sa a pa rive fèt.
2. Tobija, moun peyi Amonit yo. Dapwe listwa moun peyi sa a se lèdmi pèp Izrayèl depi lontan. 2 Istwa 20:1
3. Moun peyi Arab yo frè menm papa ak Izrayèl (yo te soti nan pitit Abraram te fè ak Aga, sèvant li a, ki te moun peyi Lejip la) Yap goumen jis jounen jodi a.
4. Moun Asdòd ak moun Filisten yo, pèp ki renmen goumen anpil la. Joz.13:3.

II. **Sa-k te fèt pou kontrarye travay la:**
   Ne. 4:8-9; 5:1-13; 6:1-14
   1. Chalbari : Yo pase moun ki tap travay yo anba rizib paske yo di yo pa konn sa yap fè-a epi li pral kraze byen vit san twòp jefò. Ne.4v2
   2. Dekourajman nan mitan Jwif yo menm: Yo pran plenyen, yo di genyen twòp vye ranblè pou netwoye. Yo bliye ke sa a se yon bagay ki nòmal lè wap bati. Ne. 4: 10
   3. Chèf yo renmen lajan twòp: Egzijans travay la fè jwif yo bliye pwòp tèt pa yo. Gran nèg yo pwofite de sa pou bay pèp la kout ponya. Sa a vrèman dekourajan! Ne.5:5.
   4. Lèdmi an pare pyèj: Travay la te preske fini, lè moun ki pa vle travay la fèt la fè kouri yon vye bri, pou di ke Neyemi leve kont Wa a. Yo vle pran Neyemi nan kraponnaj. Yo te voye yon lidè relijye negosye ak Neyemi pou trouve yon solisyon pou pwoblèm nan. Ne.6:12-14.

III. **Ki te reyaksyon Neyemi**
   1. Lè yap pase pèp la anba rizib, Neyemi priye e monte yon gad kap veye lajounen kon lannuit. 4v 9.
   2. Li mande chak fanmiy pou yo pran zam pou defann byen Bondye yo ak byen pèsonèl pa yo tou. Kenbe la pa lage! Ne.4:14-15, 20,22
   3. Neyemi blame chèf yo ki tap prete frè parèy yo lajan ak yon gro enterè sou li. Chèf yo menm apresa vin dakò pou yo remèt yo sa yo te pran la Ne.5: 7, 11-13
   4. Li refize ale nan randevou ak lèdmi li yo. Ne.6:7-14

Pou fini:
Ki kalite moun konn goumen sa a se Neyemi! Ki kalite chanpyon sa a menm! Ki kalite viktwa sa a menm!

Kesyon

1. Bay non moun ki pat vle travay Neyemi an te fèt la e di poukisa yo pat vle travay la fèt la?
Sanbala, Tobija, Gechem. Yo tap defann biznis yo ak zafè politik yo

2. Kijan Neyemi te reponn moun ki tap pase yo nan betiz la?
Se nan lapriyè li te lage li epi li te monte yon gwoup brigad vijilans pou veye travay la.

3. Kòman li reponn a moun ki tap menase'l yo?
Li bay chak Chèf fanmi reskonsablite pou defann kay yo ak byen Bondye yo.

4. Kijan Neyemi te reyaji lè li wè kouman grannèg yo tap komèt lenjistis sou frè parèy yo?
Li reproche yo pou sa yo tap fè frè parèy yo pase, epi li pase yo lòd pou remèt sa ki anplis la.

5. Kijan Neyemi reponn moun yo ki te akize-l pou di li leve kont wa a?
Li pran prekosyon pou'l pa pran nan kraponnaj yo a, li pa ale nan reyinyon yo.

Leson 6
Neyemi ak pwogrè travay la

Tèks pou Monitè a: Ne. Chap.4 a chap. 6
Tèks pou klas la: Ne.6:15-19
Vèsè pou resite a: Ne 6: 16b
Fason pou fè leson-an: Diskou, konparezon, Kesyon
Bi leson an: Lè yon kretyen asepte sipòte zeprèv yo ak la fwa nan Bondye, li fè Bondye vin chanpyon avan batay la maye.

Pou kòmanse:
Plis nou genyen moun kont nou, plis Bondye gen chans pou montre fòs li e bay tèt li glwa. Annou suiv ak anpil enterè tout sen'n sa yo kote Bondye kale lèdmi-an setazero.

I. **Premye Batay la.** Dekourajman
2Wa 25 : 8-9 ; Ne 4:2, 2
Nan bouch moun lòt pèp yo ki pat vle wè nou yo, nou tande nou pap ka rebati miray lavil la, apwe Neboucharadan chèf lagad peyi Babilòn nan te fin mete dife nan lavil Jerizalèm.
Rezilta: Pèp la pran travay la akè, yo rive fè mwatye nan travay la. Lèdmi yo fache epi yo tounen ankò atake pèp la. Ne. 4:7-8

II. **Dezyèm Batay la.** Kritik sou kritik. Ne. 4:10
Moun pami pèp la ki pat vle travay la fèt, olye yo kontan paske mwatye nan travay la te fèt, yo te pito wè ke se sèl fatra ki te genyen komsi pat gen travay di tou ki te fèt.
Rezilta: Neyemi pa okipe yo menm, li kontinye ap fè travay li.

III. **Twazyèm batay la**: You vye bri kap kouri ki bay pwoblèm: Bri kouri ke lèdmi ap pwepare pou vin kraze travay ki deja fèt nan miray la. Ne.4:11
Rezilta: Neyemi motive Jwif yo. Li bay yo lòd pou yo travay ak yon men epi kenbe zam yo nan yon lòt men, si jamè ledmi an ta vin atake, ya deja tou pare pou defann yo. Ne.4: 17. Depi lè sa a, lèdmi yo sispann atake yo, yo depoze zam yo.

IV. **Katryèm batay la**: Yon pyèj. Ne. 6: 2 Konnyea miray la fin rebati, tout twou yo fin bouche, lèdmi yo vin mande Neyemi negosyasyon.
Rezilta: Neyemi refize tou kareman pou chita ansanm ak moun sa yo. Ne. 6:3

V. **Senkyèm batay la**: Kraponaj. Ne.6 :6-8 . Lèdmi an akize Neyemi, li fè konnen li gen lide pran lezam kont wa a, se pou tèt sa lap rebati miray la.
Rezilta: Neyemi voye reponn Sanbala konsa: Tou sa-w di la se manti, se ou menm menm ki fè koze a. Se wa a menm ki ban-m otorizasyon pou-m rebati miray la. Ne. 6:8

VI. **Sizyèm batay la**: Konplo lèdmi an mare ak moun legliz. Moun anndan legliz asepte resevwa lajan nan men lèdmi an pou yo livwe yo Neyemi. Ne. 6:10-12
Rezilta: Limyè Sentespri a kont pou fè Neyemi konprann sa kap pase a.

VII. **Setyèm batay la** : Travay la fin fèt nèt nan 52 jou.
Rezilta: Lèdmi an pedi batay. Li mete chapo ba devan Bondye vivan an. Letènèl genyen batay la;

li se yon Chanpyon Senti Nwa. Ne.6:16. Konsa, fè landjèz, pale moun mal, mechanste kont pitit Bondye yo, tout bagay sa yo pa vo annyen. Lapriyè ak bon aksyon se sèl zam sa yo kretyen dwe kenbe jouksakaba. Ne.6 :16-19

Pou fini:
Si ou pa santi-w gen kouraj pou pran pozisyon pou Bondye, pito-w pe bouch ou nèt ale, pase wa wont jis ou pa ka sipòte.

Kesyon

1. Pale-m de sèt batay Satan kont Bondye nan istwa Neyemi e bay ki rezilta yo.
   a. Pwemye batay la: Dekourajman. Rezilta li: pèp la pran travay la akè.
   b. Dezyèm batay la: Kritik sou kritik . Rezilta: Neyemi pa okipe yo, li kontinye fè travay li
   c. Twazyèm batay la: Vye bri. Rezilta: Neyemi motive pèp la ak siksè.
   d. Katryèm batay la : Yon Pyèj. Rezilta sa a: Neyemi pa dakò ale nan chitatande ak advèsè a.
   e. Senkyèm batay la: Kraponaj. Rezilta: Neyemi demanti sa lèdmi an di a.
   f. Sizyèm batay la: Konplo. Rezilta sa a: Sentespri a defann Neyemi.
   g. Setyèm batay la: Travay la fini nan 52 jou. Rezilta'l: Viktwa Letènèl ak Neyemi.
2. Bay nou de (2) zam solid kretyen an dwe genyen pou lite kont dyab la?
   La priyè ak aktivite pou Bondye.
3. Ki sa'w ta dwe fè si ou pa vle mete men nan travay Bondye a? Ou dwe fèmen bouch ou nèt ale.

Leson 7
Neyemi ak fason li gouvenen pep la

Tèks pou monitè-a: Ne. chap.7
Tèks pou klas la: Ne 7 :1-4
Vèsè pou resite a: Ne.7:1
Fason pou fè leson-an: Dikou, konparezon, Kesyon, diskisyon
Bi leson an: Montre ke lè-w fin gen batay la, fòk ou organize-w

Pou komanse
Konn goumen se yonn, men konn kenbe viktwa a se yon lòt bagay. Neyemi te konn fè tou lede. Kisa'l fè? An nou wè.

I. **Sèvis Sekirite a Ne. 7:2-3**
   1. Yo bay kouvrefe lè lajounen an fini epi yo leve'l lè solèy la leve. Se pou moun pa antre nan mitan yo san yo pa konnen. Se Anani, frè Neyemi an ki te yon militè serye, kite reskonsab travay sa a.
   2. Chak fanmi te fòme yon brigad vijilans. Ne.7:3b

II. **Sèvis Imigrasyon an. Ne.7:5-6**
   1. Neyemi te repase tout rejis ki te gen non jwif diaspora yo e ki te retounen nan Jerizalèm ansanm ak Zowobabèl. Men rezon li te gen pou fè sa:
   2. Pou li te kap konnen konbyen egzile ki retounen.

3. Pou li te rive dekouvri tou moun yo ki pa te legal yo. Poutèt sa a, men kijan yo te ranje yo:
   a. Dapwe kote yo te fèt la. Ne.7:6
   b. Dapwe kote yo te rete anvan yo te kite peyi a. Ne.7:6-37;
   c. Dapwe fonksyon yo te okipe: pwèt (pastè) 7:39; moun levit yo (dyak) 7:43; manb koral v.44. Gadyen nan potay tanp lan (v.45) epi moun ki te pou travay nan tanp Bondye a (dyak yo) Ne7 :46
   d. Li te jwenn kèk nan relijye non yo pat nan rejis. Konsa li pat kap konnen zansèt yo. Li blije pa asepte yo pandan ke yap mennen ankèt sou yo Ne. 7:63-64.
4. Si se te konnye a, ofisye nan imigrasyon an ta va mande yo pou bay kont pyès pou idantifye yo. Fo papye ak dekolaj pa tap pase.

III. **Yo fè lis non moun ki te nan klas privilejye a**
Yon rejis te konsakre sèlman pou moun nan branch fanmiy ansyen sèvite wa Salomon yo. Sa vle di moun kite konnen règ sosyete, moun yo ki te fòme pou fè sèvis pwotokòl. Ne. 7:57-59

IV. **Yo fonde yon bank.**
Neyemi fonde yon kès pou pèp la ka bay lajan ak lòt bagay ki vo lajan. Pèsonn pat gen dwa manyen kès la. Nou pi kwè lajan kès la te fèt pou peye moun kap antretni miray la. Ne.7:68-72

V. **Gen moun ki pat bezwen peye taks yo. Ne.7:73**
Moun kite gen pou peye taks yo se te chèf fanmiy yo, gouvènè-a ak rès pèp la. Men moun relijye yo pat gen pou peye taks. Nonb. 18:20-25; Ne.7: 73

Pou fini
A lon gouvènman ki byen oganize papa!

Kesyon

1. Kisa Neyemi fè pou bay sekirite nan vil la?
   Li fè kouvrefe, li monte yon brigad vijilans

2. Kisa l' fè okòmansman pou pran non vre Jwif yo?
   Li fè yon sèvis imigrasyon

3. Poukisa l' pran tout prekosyon sa yo?
   Pou konnen moun ki pa legal

4. Sa nou konprann lè yo pale de klas privilejye ?
   Gwo zotobre nan palè wa Salomon

5. Nan ki entansyon li te fè tout moun kotize ?
   Pou li te louvwi yon Bank

6. Kiyès moun ki pa t' gen pou peye taks yo ?
   Relijye yo. Paske yo pat travay nan okenn djòb

Leson 8
Neyemi ak revey espirityèl pèp la

Tèks pou monitè: Ne.7 :73 a chap.8; Det.12: 7, 12, 18
Tèks pou klas la: Ne. 8:1-6
Vèsè pou resite a: Ne 8:5
Fason pou fè leson-an: diskou, moun ak moun, Kesyon, istwa
Bi leson an: Prezante yon revèy tankou yon fwi ki soti nan pèp la ki pran konsyans.

Pou Komanse
Lè yon peyi byen oganize, bagay yo gen pou mache byen. Men kote w'ap jwenn sekrè pou bagay yo kontinye mache byen? Ebyen w'ap jwenn li lè pèp la pran konsyans. Ou sezi? Gade pou wè.

I. **Pèp la rive pran konsyans.**
   Esd.7 :6; Ne 7 :73 ak 8 :1, 5, 7
   1. Depi miray lavil Jerizalem nan fini rebati, pèp la tap tounen lakay li, chak moun nan vil kote'w te soti-a. Men yo te santi ke yo gen yon gwo pwoblem: yo te manke prezans Bondye. Yo tout te fè yon gwo rasanbleman sou yon plas piblik nan lavil Jerizalem epi yo te mande Esdras, direktè lalwa a, pou li fè lèkti Pawòl lalwa Senyè a pou yo. Ne 8: 1
   2. Esdras li nan liv lalwa a Senyè a te bay Moyiz la, depi granm maten rive jouk midi, sa vle di pandan sizèd tan san rete. Tout moun, fanm, gason ak ti moun ki gen laj pou konprann te rete kanpe pou yo ka tande sa ki ekri nan liv lalwa a.

a. Te gen trèz (13) moun Levit ki te la, se yo ki pwemye bay egzanp lan. Ne 8:4

    b. Esdras te dominen tout moun pase lite kanpe sou yon tribi-n an bwa. Men lite dominen konsyans yo avek lekti Pawòl la. Ne 8:.5

1. Tout pèp la te leve men yo anlè fè louwanj pou Bondye. Se te yon koutim kay pèp Jwif la ki te vle di: Senyè, tou de (2) men nou pa gen annyen ladann. Tou sa nou bezwen se nan men w' li soti. Ne.8 : 6

2. Se pou nou sonje sa byen, pèp la sot nan legzil. Gen anpil nan Jwif yo ki pa t' kon pale lang Ebwe a, gen nan yo ki te bliye pale lang nan, donk yo t'ap bezwen moun pou tradi pou yo. Se konsa te gen trèz Levit ki t'ap ede Esdras, yo t'ap esplike pèp la lalwa a pou yo te sa konprann volonte Gran Mèt la. Tout obstak pèp la te rankontre yo, li te gen viktwa sou yo tout paske pèp la te swaf pou tande Pawòl Bondye a. Ne 8:3, 7-8.

II. Ki sa Pawòl la te fè sou konsyans pèp la: Ne. 9-12
1. Yon reyaksyon ki natirèl: kè pèp la te touche, yo te kriye. Ne 8 : 9.
2. Yo separe viann gra ak bwèson ak lòt zanmi yo Apwe sa, yo fè fèt pou Senyè a, pou di li mesi pou Pawòl la ki sot preche-a. Ne 8 :12.

III. Ki sa Pawòl la te fè sou volonte pèp la.
Ne.8.13-18.
Yo te pran desizyon pou yo fete fèt Tant la pou yo kap toujou sonje lavi yo te pase nan dezè'a. Ne. 8:16.

1. Pèp la bati joupa yo nan yon ti moman. Ne.8 :16
2. Yo pase sèt jou ap fete. Nan uityèm jou a, yo fè yon gwo reyinyon pou fèmen fèt la. Ne.8 :18.
3. Yo onore Pawòl la. Zne.8 :18.

Pou fini

Eske nou wè bèl rezilta sa a bay lè yon pèp fè yon bon revandikasyon, lè li mande pou yo fè yon bon bagay? Sa w'ap tann pou fè menm bagay la?

Kesyon

1. Ki moun ki mande pou yo fè rasanbleman an? Pèp la menm.
2. Poukisa lite mande l'? Li te swaf pou tande Pawòl Senyè a.
3. Ki kote yo te rasanble? Nan vil Jerizalèm.
4. Kiyès ki li Pawòl la? Esdras, direktè lalwa a.
5. Konbyen tan yo pase ap tande Pawòl la? Sizèdtan.
6. Nan ki pozisyon? Yo te kanpe sou yon plas piblik.
7. Ki efè Pawòl la te genyen sou kè yo?
    a. Kè yo te touche,
    b. Yo kriye epi yo fete.
8. Kijan yo rele fèt sa a? Fèt joupa yo.

Leson 9
Neyemi ak koze sanktifikasyon pep la

Tèks pou monitè a: Ne chap. 9 ak 10; Det.15:1-2
Tèks pou klas la: Ne 9 : 1-3
Vèsè pou resite a: Ne 9 :2
Fason pou fè leson-an: Diskou, Kesyon
Bi leson an: Montre ki rezilta pozitif ki genyen lè ou livre vi-w nan Bondye.

Pou komanse
Sèz jou sot pase. Eske w' te swiv byen gran fèt la Pawòl la ? Men konnye a, Jwif yo louvri yon sèvis jèn; se pou la premye fwa y'ap fè jèn depi 70 lane pase. Yo rekonèt yo peche devan Bondye.

I. **Pèp la ap depouye. Ne 9:1-2**
   1. Yo mete rad sak kòlèt sou yo ki yon siy imilyasyon. Yo benyen tèt yo ak lapousyè pou fè wè jan yo nan lapenn. Ne. 9: 1
   2. Moun ki te marye ak moun lòt nasyon, yo kite ak moun sa yo, epi yo kòmanse konfese peche yo ak peche zansèt yo te fè. Ne 9: 2
   3. Pawòl Bondye-a klere konsyans yo pou fè yo konpran sa ki kòz yo tap soufri konsa. Depi lè sa, yo pran desizyon pou yo repanti.
   Ne 9:3; 10: 29-35

II. **Ki desizyon moun Levit yo pran.**
   Moun Levit yo envite pèp la fè louwanj pou Senyè a epi yo pran rakonte istwa pèp la depi okòmansman jouk rive nan moman lòt pèp yo te vin okipe l' la. Ne 9:36

III. **Ki rezilta jèn nan bay.**
Yo pran desizyon siyen yon kontra kote yo pran angajman:
1. Pou yo mete Pawòl la an pratik. Ne. 10:29
2. Pou yo pa achte ni vann anyen nan jou repo a. Ne.10 :31
3. Pou yo pa marye pitit yo ak moun lòt nasyon yo. Ne.10 : 30
B. Pou yo kite dèt la pou moun ki dwe yo chak setan. Ne.10 :. 31. Det 15 :1-2.
4. Pou peye sèvitè Bondye-a kòrèkteman Ne.9:38.

IV. **Kòman nou arive konen rezilta'a .**
Desizyon an te pran pa lidè yo ki kouche l' sou papye. Apwe sa, Neyemi, chèf sivil ak relijye yo siyen tou. Ne 9 :38

Pou fini
Jene, priye, aji. Lap bon pou rou, pou fanmiy ou ak tout legliz ou.

Kesyon

1. Ki moun ki te mande sèvis jèn nan? Pèp la

2. Ki jan yo te abiye?
   Yo drive nan la pousyè ak sak kòlèt.

3. Sa sa vle di rad sak ak lapousyè?
   Imilyasyon ak chagren.

4. Ki pi gwo bagay yo te fè ki mal?
   Anpil nan yo te marye ak moun lòt nasyon, yo te fè sa ki pa t' dakò ak relijyon an.

5. Kijan yo te ranje pwoblèm sa? Yo te kite ak yo

6. Kisa moun Levit yo te fè?
   Yo te bay Bondye glwa e yo te konfese peche yo.

7. Ki desizyon pèp la te pran?
   Yo te deside swiv Pawòl la, sispan fè biznis nan jou repo-a, peye sèvitè Bondye-a kòrèkteman.

8. Ki moun ki te dakò ak sa yo te fè a ?
   Tout chèf pèp la.

Leson 10
Neyemi ak fason pou repeple Jerizalem

Tèks pou monitè a: Esd. 4:7-24; Ne 7:4; 11 :1-18
Tèks pou klas la: Ne 11 :1-4
Vèsè pou resite a: Ne 11 : 2
Fason pou fè leson-an: Diskou, Kesyon
Bi leson an: Montre ki valè yon komite genyen lè ou jwenn moun ki gen kouraj ladan.

Pou komanse

Yo rebati tanp la sou Esdras. Yo rebati miray la ak Neyemi. Tout moun ap retounen nan vil kote yo moun. Men ki moun k'apral rete nan lavil Jerizalèm? Tout moun pè. Ki sa Neyemi te fè?

I. **Yo fè yon tiraj osò. Ne.11:1**
   Yo chwazi dabò chèf pèp la pou rete lavil Jerizalèm. Epi yo tire osò pou chwazi yon manb nan chak fanmi pou al viv nan lavil Bondye a, Jerizalèm. Konsa lòt moun nan fanmi lan va ale pi souvan nan kapital la pou kreye yon sòt atirans pou moun vini antouris. Ne.11 :3

II. **Yo dakò san moun pa fòse yo. Ne.11:2**
    Pèp la te bat bravo pou tout moun kite ofri tèt yo pou yo rete lavil Jerizalèm. Poukisa? Gen plizyè rezon nan sa:
    1. Lavil la gran men li pa gen moun, li san defans; si yon moun asepte rete ladann, se yon gwo chans li pran. Ne.7:4
    2. Tout moun te konnen jan lavil Jerizalèm te fò nan fè rebèl. Li toujou fasil pou lèdmi yo vin atake l', fè sa yo vle avè l'. Esdras 4:15, 19

3. Tout pèp ki renmen goumen yo (Mèd ak LaPèrs, Babilòn, Women, Grèk ,peyi Lewòp , la te dwe pase nan mitan Jerizalèm pou yo k'ap al goumen ak lòt peyi nan lemond antye). Se konsa moun yo nan lavil Jerizalèm te toujou ekpoze pou lagè.
4. Jerizalèm se te yon vil apa pou Bondye, lavil Bondye a: Ne.11 :1
5. Pou tèt sa:
   a. Moun ki rete ladan l'yo ta oblije mennen yon lavi modèl. Yo oblije gen yon bon kondit, yon pwotokòl ki pi ostè.
   b. Lavi nan vil koute pi chè akòz transpò, taks pou kenbe biro gouveman-an, manje ki pi chè. Konsa, pèp la bat bravo pou moun sila yo ki asepte al viv nan Jerizalèm paske yo montre yo brav, yo patriyòt, yo konsakre, yo asepte fè sakrifis pou Bondye. Ne. 11 :2

III. **Yo fè lis moun ki te ofri tèt yo pou rete nan vil Jerizalèm.**
Chèf yo, Levit yo, sòlda yo, moun ki konn chante yo, gad pòtay yo, antou te gen 3.044 moun pou replen lavil Jerizalèm. Fòk nou di tou te gen yon non espesyal pou plizye nan yo tankou:
1. Gran pwèt ki te rele Seraja yo di: Yo te bay li non *Pwens nan tanp Bondye a*. Ne 11:11
2. Moun fanmi Perès la, yo te rele yo "*Vanyan gason*". Ne. 11:16
3. Chabetayi ak Jozabad, te reskonsab tout zafè Relijye ak tout kontak ak lòt kote. Yo bay yo non *Minis Kilt ak Relasyon Eksterye*. Ne. 11:16

4. Matahanya, se li ki te konn voye chante yo monte pou envie pep la di Bondye mèsi. Yo bay li non *Mèt seremoni an*.

5. Pou fin pale, se te moun sa yo ki reprezante yon pilye pou vi moral, espirityèl ak ekonomik nan lavil Bondye a.

Pou fini

Kilès nan nou k'a pral ofri tèt li tankou moun sa yo, pou li riske vi l' pou legliz, lakay Bondye a ?

Kesyon

1. Kisa Neyemi fè pou lavil Jerizalèm gen moun ankò? Li fè yon tiraj osò.

2. Ki moun li chwazi tou dabò?
   a. Chèf pèp la.
   b. Moun nan rès pèp la ki vle ofri tèt yo.
   c. Paske yo te pran chans ekspoze vi yo nan vil Jerizalèm ki pat gen moun ase , kote lèdmi ka fè dappiyan sou yo nenpòt ki lè, paske vi nan lavil pi chè e li mande plis egzijans.

3. Ki kantite moun yo te konte pou rete lavil Jerizalèm? 3,044 moun.

4. Di non kèk moun yo te bay yon tit espesyal. Gason Perès yo, Shabetai, Josabath, Matahania

Leson 11
Neyemi nan dedikas miray Jerizalem

Tèks pou monitè a: Ne 12 :27-47
Tèks pou klas la: Ne 12 :27-32
Vèsè pou resite a: Som 136 : 1
Fason pou fè leson-an: Diskou, istwa, Kesyon
Bi leson an leson an: Montre kijan pou n' fè lwanj pou Senyè a pou byenfè li yo.

Pou Komanse
Gran jou a rive kote tout moun pral bay Bondye glwa pou mevèy li yo. Annou siv kijan sa te fèt:

I. **Kijan sa te organize. Ne. 12 : 27-32**
   Neyemi organize yon pwosesyon an de pòsyon sou miray la menm. Premye pòsyon an soti sou bò dwat miray la. Dezyèm nan soti sou bò gòch la pou yo ka kwaze anndan tanp la. Ne. 12:31, 38, 40.
   1. **Men kijan premye pòsyon an te ranje:**
      Ne.12: 35-36
      a. Nan premye ranje ou jwenn Esdras. Ne.12 : 36
      b. Nan dezyèm ranje a: se gran koral la.
      c. Nan twazyèm ranje a: Oze ak mwatye nan chèf peyi Jida yo.
      d. Nan dènye ranje a: Mizisyen yo, pitit prèt yo ki konn kònen twonpèt yo ak Anani, frè Neyemi an.
   2. **Men kijan dezyèm pòsyon an te ranje:**
      a. Nan premye ranje, dezyèm koral la. Ne.12 :38
      b. Nan dezyèm ranje a, Neyemi ak chèf pèp la. Ne.12 : 40

c. Nan twazyèm ranje a, lòt rès pèp la. Ne.12 : 38

II. **Selebwasyon fèt la**
1. Moun kap konnen twonpèt ak moun kap chante nan koral yo fè sa a yon apwe lòt. Ne.12 :41-42
2. Pèp la ofri yon kokenchen sakrifis a Bondye Ne.12 :43
3. Tout moun manje vant deboutonen. Apwe sa yo pran rele devan Letènèl. Ne.12 :.43

III. **Men anons espesyal kite bay.**
1. Yo chwazi moun pou fòme yon komite finans: Ne. 12:44 Pou reskonsab kès legliz la, pou kontwole dim ak ak ofrann yo.
2. Pou yo resevwa don ak premye fwi travay moun legliz yo ranmase nan chak rekòt yo te fè.
3. Pou yo peye sèvite Bondye a, moun Levit yo ak lòt moun k'ap travay nan tanp Bondye a tout lasenjounen. Ne.12 :44
4. Yo raple sèvitè Bondye yo ak moun Levit pou yo fè sèvis Bondye ak yon vi ki san repwòch. Yo raple mizisyen yo ak gad pòtay tanp yo pou yo fè travay yo daprè regleman wa David ak pitit li wa Salomon te bay.
5. Yo te prevwa yon pèyman pou moun kite bay toutan yo nan sèvis Bondye a.

Pou fini

Tout aranjman sa yo te nesese pou pèp la konnen sa kob li fe, ki reskonsablite li avan li retounen al viv lakay li. Lidè yo, se pou nou pran bon nòt de sa.

Kesyon

1. Ki moun ki te fè fèt la? Neyemi

2. Konbe koral te gen nan fèt la? Te gen 2 koral

3. Di ki jan chak pòsyon yo te ranje? Nan de bò tanp la

4. Kijan fèt la te fèt?
   Moun ki kònen twonpet, 2 koral ap chante, pèp la ofri anpil sakrifis, apwe sa yo tonbe manje e rele devan Letènèl.

5. Di ki anons espesyal Neyemi te bay?
   Li nonmen yon komite finans pou okipe zafè ofran ak dim pèp la, pou peye sèvite-a ak tout moun kap travay nèt ale nan legliz la

6. Poukisa li te fè sa konsa?
   Paske tout moun tap tounnen la kay yo. Yo dwe konnen reskonsablite yo e ki sa lajan yo fè.

Leson 12
Neyemi ap mete lod nan dezod

Tèks pou monitè a: Ne 13; Ne.1 :8; 6:14; 13:29, 31
Tèks pou klas la: Ne 3 : 1-9
Fason pou fè leson-an: Diskou, Kesyon, konparezon
Bi leson an leson an: Montre kijan Neyemi pa jwe lè l'ap mete lòd.

Pou Komanse
Neyemi sot pase kèk mwa nan peyi LaPèrs, siman se pou l' te bay wa a yon rapò sou sa l' sot fè a. Depi l' tounen an, podyab, lite gen pou l' remete lòd nan tout bagay. Ki sa ki te pase?

I. **Tou dabò, li te gen pou mete Tobija deyò.**
   Ne. 2:10; 13:4-6; 8-9
   1. Liv lalwa a te defann tout asosyasyon ak moun Mowab yo ak moun Amon yo, paske se lèdmi pèp Yzrayèl la yo ye. Tobija se te yonn nan yo. Ne 13:1.
   2. Eliachib yon sèvite legliz la ki te fanmiy ak Tobija bay mouche yon gwo chanb pou li rete nan kay Bondye a. Ne. 13:5
   3. Neyemi mete mouche deyò san grate tèt. Ne. 13: 8-9.

II. **Epi, li retounen sèvitè Bondye yo nan plas yo.**
   1. Moun Levit yo ak mizisyen yo ki konn chante yo te blije chèche kay toupre lavil Jerizalèm pou yo kab bay tout tan yo nan travay mèt la. Lè konsa travay la pi byen fèt. Nou deja konnen konbyen sa koute pou yon moun rete lavil. Epoutan, depi Neyemi te vire do li ale

nan peyi LaPèrs pou kèk ti jou, komite finans la pa peye salè a sèvitè Bondye anko. Ne. 13:10
2. Neyemi te fache, li rale zòrèy moun ki kenbe kès yo, li revoke yo e li fè ranplase yo lamenm. Ne. 13:11, 13
3. Li fè pèp la rekomanse pote kado ak ofrann yo nan jan yo te konn kontribye.
4. Li voye chache moun Levit yo avèk mizisyen yo ki konn chante yo epi li mande yo pou yo reprann plas yo nan tanp Bondye a. Ne.13 :11

III. **Apwe sa, li konbat sa yo rele kontrebann.**
Gen kèk moun lòt nasyon kite konn pwofite jou repo a pou yo pote tout kalite machandiz vin vann moun Jida yo. Neyemi fè fèmen batan pòtay yo nan jou repo a epi li pini moun yo ki t'ap fè sa a. Men, dapwe sa kite konn fèt nan tan lontan, nan jou repo a, Jwif yo te konn antann ak moun lòt nasyon yo pou yo fè bèt ki rele chamo yo pase ak machandiz yo nan yon pòtay kite tèlman piti yo te rele l' "**Je Zegiy**". Piske chamo yo gen de gwo bòs anwo do yo, li te trè difisil pou yo te pase nan ti pot saa. Se pòtay sa a Jezi t'ap pale lè li t'ap rakonte parabòl nonm rich la ki patap kapab pase nan je zegiy. Mak 10: 25

IV. **Lèfini, li te konbat maryaj pèp Bondye ak moun lòt nasyon yo.** Ne.13 : 23-31
1. Jwif yo pat gen dwa marye ak moun lòt nasyon yo. Relijyon yo a te defann yo sa. Ne.13 :25
2. Neyemi te blame paran ti moun ki soti nan diaspora ki pa te pale lang ebre a, lang manman yo. Ne.13 : 24

Pou fini

Neyemi ap toujou rete yon lidè ekstraòdinè paske li te devwe l' anpil pou Bondye. Tout sa li te gen pou fè, se Bondye toudabò li toujou rele nan lapriyè . Annou bat pou fè kon li.

Kesyon

1. Bay kat aksyon Neyemi te fè pou ranje sa ki pa te dwat.
   Li te mete Tobija deyò, li remete lidè relijye yo nan jòb yo, li konbat zafè kontrebann, ak maryaj ak moun inkonvèti

2. Kilè derapaj sa yo te fèt?
   Pandan absans li

3. Poukisa yon jwif pa t' gen dwa marye ak yon moun lòt nasyon?
   Paske relijyon li te defann sa.

4. Ki sa "Je Zegiy" la fè nou chonje?
   Parabòl nonm rich la ki te vle gen la vi etènèl.

5. Ki sa ou wè ki toujou ap repete nan lavi Neyemi?
   Lapriyè

Revizion Vèsè Yo

1. **Leson 1: Neyemi yon lidè relijye.**
   Tanpri Senyè, fè tout bagay mache byen pou mwen jodia. Fè wa a resevwa m' byen. **Ne 1:11b**

2. **Leson 2 : Neyemi yon lidè patriyòt**
   Bon Annavan! Ann al rebati. **Ne 2:18b**

3. **Leson 3 : Neyemi ak plan li pou fè travay la**
   Konsa, frè m' yo, kenbe fèm, pa brannen. Se pou n' toujou picho nan travay Senyè a paske nou konnen travay n'ap fè pandan n'ap viv ansanm ak Senyè a p'ap janm pedi. **1 Kor.15:58**

4. **Leson 4 :Neyemi ak dis pòtay pou antre nan miray la**
   Se mwen menm ki pòt la. Moun ki pase nan mwen pou antre, la sove. La antre, la soti, la jwenn manje pou l' manje. **Jan 10:9**

5. **Leson 5 : Neyemi anfas opozisyon**
   Nou pa bezwen pè moun sa yo! Chonje jan Senyè a gen pouvwa, jan li fè moun pè l'. Ann goumen pou moun menm ras ak nou yo, pou pitit fi nou yo, pou pitit gason nou yo, pou madanm nou yo ak kay nou yo. **Ne 4:14b**

6. **Leson 6 : Neyemi ak pwogre travay la**
   Lèdmi nou yo vin wont. Yo rekonèt si travay la te fini se paske Bondye nou an te vle l. **Ne 6:16b**

7. **Leson 7 : Neyemi ak fason li gouvenen pep la**
   Lè nou te fin rebati miray la, nou monte gwo batan pòtay yo: nou bay gad tanp yo, moun k'ap chante yo ak moun Levi yo travay yo gen pou yo fè. **Ne 7:1**

8. **Leson 8 : Neyemi ak revèy espirityèl pèp la**
   Kote Esdras te kanpe byen wo sou lestrad la, li louvri liv la devan tout moun. Lè sa a tout pèp la leve kanpe. **Ne 8:5**

9. **Leson 9 : Neyemi ak koze sanktifikasyon pèp la**
   Tout moun pèp Yzrayèl yo mete ko yo ansanm. Yo pa kite okenn moun lòt nasyon mete ak yo. Epi se konsa yo kanpe, yo kòmanse di tou sa yo menm yo fè ki mal, ansanm ak tout peche zansèt yo te fè. **Ne 9:2**

10. **Leson 10 : Neyemi ak fason pou repeple Jerizalem**
    Pèp la fè lwanj tout moun ki te ofri tèt yo pou rete lavil Jerizalèm. **Ne 11:2**

11. **Leson 11 : Neyemi nan dedikas miray la**
    Di Bondye mèsi paske li gen bon kè. Non. Li p'ap janm sispann renmen nou. **Sòm 136:1**

12. **Leson 12 : Neyemi ap mete lòd nan dezòd**
    Lè moun pèp Yzrayèl yo tande sa, yo te li nan liv lalwa a, yo pran tout moun lòt nasyon ki t'ap viv nan mitan yo, yo mete yo deyò. **Ne 13:3**

DIFE TOU LIMEN

Seri 3

**KONPOTMAN
YON KRETYEN NAN SOSYETE**

Bi leson sa *Seri 3 Etik kretyen*

Ki sa nou vle di lè-n pale de « *Etik Kretyen* » ? Sa plis pase yon katechis ki ede kretyen-an nan desizyon lap pran kote lamoral pa di annyen sou sa. Se yon gid tout bon pou pastè yo pou ede yo ak jenn yo, fanmiy yo, sou fason yo dwe kondi bak yo nan mon-n sa. Map fèmen bouch mwen e map kite Liv la nan men –w pou gide-w.

Leson 1
Pwensip ki regle konpotman yon kretyen

Tèks pou Monitè-a : 2 Samyèl 12 : 14; Travay 24 :16; Wòm. Chapit 14 ak 15; 1Korent 6:12-13; Filip 4 :8 ; Kol 3 :23-24.

Tèks pou klas-la : Wôm 14 :1-4.

Vèsè pou resite: Kol 3:23

Mwayen pou fè leson-an: Diskisyon, konparezon, Kesyon.

Bi Leson sa : Louvwi zye kretyen an sou fason li dwe konpote swivan milye kote la viv.

Pou kòmanse

Chak peyi gen pwensip pa li. Gen bagay ou ka fè nan yon peyi, ke ou pa ka fè nan yon lòt. Epoutan, kretyen-an dwe fè tout sa-l kapab, pou fè wè li menm se limye. Konsa, kòman li dwe kondi tèt li nan mitan tout sikonstans yo ki pa menm jan? Liv ki gen pwensip sou regleman nan vi kretyen-an pral pote repons-la.

I. Etik kretyen-an, sa sa vle di ojis ?
   1. Etik kretyen an se jan kretyen-an dwe viv yon fason pou li fè Bondye plezi, yon fason pou edifye lòt kretyen ak moun tou ki poko konveti, pou yo pa santi yo endiye. Pou sa ka rive fèt konsa, kretyen an dwe konnen kòman li dwe kondi tèt li nan monn sa. Se sa nou rele « Pwensip ki regle konpotman kretyen-an. »

II. **Regleman sou kondit kretyen-an nan lavi li.**
Kretyen-an dwe poze tet li Kesyon sa yo:
1. Pawòl map prononse, sa map fè, kote mwen mete pye'm, eske se pou non Bondye glorifye ? Wom 14 :8. Kol 3 :23
2. Eske mwen dwe kache kòm pou-m fè sa map fè la ? 2Korent 4 :2 ; Travay 24 :16
3. Eske sa pa pral yon okazyon pou kretyen ki fèb yo tonbe pi vit ? Wom. 14 :15, 21 ; 1 Korent 8 :7-13.
4. Eske sa'm fè-a p'ap fè-m jennen si Bondye ta dwe jije-m ? Apwè-m fin fè sa m'ap fè-a, eske konsyans mwen pa pral reproche-m ? Wom 14 :12 ; Jan 8 :9.
5. Eske tou sa-m fè yo ka ede lòt kretyen vin pi fò nan la vi espirityel yo? Rom 15 :2, 5.
6. Sam fè la eske li byen ? Filip 4 :8.
7. Eske sa-m fè la pap lakòz non Jezi pase nan betiz ? 2 Samyèl 12 :14 ; Wom 2 :24.
8. Zak map poze, eske sa p'ap lakòz yon eskandal pou legliz kote map mache-a ? Wom 14 :21 ; Lik 17 :1.
9. Sam fè ya, eske tout moun dakò ak li menn lè li pa itil a okenn moun ? 1 Korent 6 :12.
10. Eske sa map fè ya pral fèm tounen esklav? 1Korent 6 :12.

Pou fini :
Fok nou di-w ke kesyon sa yo p'ap ase pou fi-n trete sijè sa-a. Yo sèvi sèlman pou ede nou mennen yon vi pi miyò ki fè Bondye plezi.

Kesyon

1. Ki sa Etik Kretyen an ye?
   Regleman sou fason kretyen an dwe viv.

2. Pouki rezon nou obseve Etik Kretyen?
   Se pou bay Bondye glwa, ede legliz grandi, evite eskandal.

3. Pouki sa Etik Kretyen an pa konsidere jan moun ap viv kòm peche a tèl pwen pou-l ta kondane li ?
   Se paske se zak yo fet selon la koutim moun yo.

Leson 2
Kretyen ak Kesyon la mod

Tèks pou Monitè-a: Jenèz 3 :21 ; 28 :20 ; Ezayi 3 :16-26 ; Sòm 132 :1 ; 1 Timote 2 :9-10 ; Revelasyon 16 :15.

Tèks pou klas-la : 1 Timote 2 :9-10
Vèsè pou resite : 1 Timote 2 :9
Mwayen pou fè leson-an : Diskisyon, konparezon, Kesyon
Bi Leson sa : Montre koman yon kretyen ka fè Bondye plezi, menm nan fason lap abiye.

Pou kòmanse:
Tou depan kote yon pèp ap viv, tout depan de epòk lap viv la, tou depan relijyon l'ap pratike, ak sa li renmen...fason li abiye a k'ap chanje. Lè moun vwayaje, sa fèl chanje tou fason li te konn abiye . Men, pou kretyen an li menm, kòman li dwe abiye, yon fason pou Bondye pa vire do ba li?

I. **Kretyen an pa dwe maske kò li.**
1. Fòl pa fè li esklav lamòd. Rom 12:2.
2. Li dwe poze tèt li Kesyon sa-a : Si Jezi te nan plas mwen, eske-L tap mete rad sa-a. Efèz 5 :1.
3. Fason li abiye dwe fè wè aklè Jezi ap viv nan li. Kretyen-an pa la pou bay cho. 1 Korent 11 :1.
4. Bijou, rad ki koute chè, bagay sa yo fè moun ki gen gwo tanta yo , lanbibit yo bat, epi sa fè vòlò gen zye sou ou. Matye 6 :19-21.
Mete bijou ka vin yon fòm idolatri ki pa mache ak volonte Papa Bondye. Egzòd 33 :4-6.

5. Rad sa ki sou ou la, se deja yon mòd. Vrè kretyen-an pa dwe ni fè wè se li ki premye mete tèl ou tèl mòd. Kretyen an dwe pou evite mete sou li yon mòd ki endesan. 1 Timote 2: 9.

II. Rad lap mete sou li-a dwe reponn nan tout sans. Wom 14 :7, 15.

1. Nan kèk peyi, sitou bò kote solèy la leve, gason tankou fanm mete ròb. Malgre tou ou kap rekonet sa ki fanm ak sa ki gason. Bondye di yo fè kè li tounen lè li wè gason mete rad fanm ni lè fanm mete rad gason. Det 22 :5
2. Nan peyi pa bò isit, gason mete ròb tou, tèlke ròb pou moun dòmi, ròb pou les li soti benyen. Fanm mete pantalon tou kèk fwa, swa pou ale travay, pou fè espò. Kèk lòt kote fi mete pantalon tou, men nan yon fason pou pa choke pèson. Men, kèlkeswa rezon-an, nou pa ankouraje fi mete pantalon pou antre nan Legliz pou li vin adore Bondye. Sa ka fè anpil moun pèdi dispozisyon yo. Nou pa di'w pou pa mete-l men ou dwe pran nanm frè ou ak sè ou an konsiderasyon.

Pou fini :
Sa pa vle di ou fè peche si ou mete-l sou ou, sèlman ou ka lakòz kretyen tonbe nan peche, alòske ou la pou pwoteje nanm yo. Wom 14 :4-7. Epi, Bondye gen pou jije ou poutèt ou pa bay nanm pwochen ou inpòtans. Vèsè 12. Sa ou dwe pote sou ou kòm rad, se yon vi Bondye dakò nèt ale ak Li. 1 Pyè 3 :4.

Kesyon

1. Ki jan pou yon kretyen abiye?
   Nan yon fason ki senp.

2. Ki meyè fason pou konn ki jan pou konpote ?
   Imite Jezikri.

3. Ki bagay ki fè kè Bondye tounen?
   Lè gason mete rad fanm, lè fanm mete rad gason.

Leson 3
Kretyen an ak zafe fe ti menaj

Tèks pou Monitè-a: Jòb 15: 12-13; Pwovèb 4: 25; 6: 12-15; 10: 10; 27: 20; Sòm 119: 37; Jak 4: 7-8; 1 Jan 2: 15-17.

Tèks pou klas-la : 1 Jan 2 :15-17
Vèsè pou resite: 1 Jan 2:15
Mwayen pou fè leson-an: Diskisyon, konparezon, Kesyon
Bi Leson sa: Montre kòman kretyen an dwe fè sal kapab pou-l pa sal konsyans li nan zafè fè ti menaj.

Pou kòmanse
Nou ki fè pati kò Kris-la, men n'ap pale de fè ti menaj, ki sa-n vle di ojis ? Yon bagay senp konsa nou vle pwan-l pou gwo koze ? Kòman, Pastè, ou vle rann lavi kretyen-an pi difisil, monchè ? Chache yon bon repons pou bay nou.

I. **Fè ti menaj.**
Si nou vle bay yon bon definisyon, se yon fòm pasyon chanèl. Lè lanvi blage moun ou gen devan zye ou la rive, ou paka reziste ; ou toujou gen tandans pou ale pi lwen, sèlman pou fè wè. Lè sa a, se jwe wap jwe ak kè moun nan. Wap bay moun nan kenbe nan men. Nan chapit peche lachè, lapòt Pòl rele sa : *Twonpe.* Galat 5 :16 ; li rele-l tou : *Deregle.* Efèz 4 :19. Lapòt Pyè pou bò kote pal, rele sa « *Zafè moun san limit* » 2Pyè 2 :7

II. **Men kèk pretèks moun ka pran**
1. Se Bondye ki fèm konsa. Fòm pran plezi-m; yon nèg pa dwe kite fiy yo konsa. Ou pa dwe fè medanm yo soufwi.
2. Moun sòt toujou wè bagay yo yon lòt jan. Pa gen okenn mal nan blage fanm.
3. Légliz gen twop bagay serye pou'l okipe, li pa ta dwe pèdi tan-l nan zafè sa.
4. Papa Bondye pa moun ki egzijan ; se Papa bon kè.

III. **Ki sa la bib di sou sa ?**
1. Moun kap twenzi zye yo sou moun, bagay sa bay chagren. Pwovèb 10: 10.
2. Pa kite-m kouri dèyè bagay ki pa vo anyen, fèm swiv chimen ou mete devan-m lan. Sòm 119 :37.
3. Gade dwat devan-ou. Kenbe je-ou fikse sou chemen ki dwat devan ou lan. Pwovèb 4 : 25
4. Mechan yo twenzi zye yo sou moun ; yap peze gwo zotèy yo atè, yap fè siy ak dwèt yo... yap rete konsa, yap fini. Pwovèb 6 :12-15.
5. Bat pou konsyans ou klè ni devan moun ni devan Bondye. Travay 24 :16.

Pou fini :
Lè wap jwe ak kè yon fanm, se ak dife wap jwe. Bat pou Bondye pran plezi nan tout sa wap fè ak yon konsyans klè.
1 Korent 10 :31

Kesyon

1. Ki sa zafè fè ti menaj la ye ? Se pran plezi la chè

2. Eske sa se peché ? Wi.

3. Moun ki tonbe nan sa, bay kek pwetèks yo konn pran?
   R/ Se Bondye ki fè yo konsa. Moun sot toujou pran bagay yo di kontrè. Yon nèg pa dwe kite medam yo konsa.

4. Kisa La bib di nan sa ?
   R/ Moun kap twenzi je yo sou moun,yo bay chagren. Bat pou gen konsians ou klè devan Bondye ak devan lezom.

Leson 4
Kretyen an ak zafe danse

Tèks pou monitè-a : 2 Sam. 6 :14-16 ; Sòm 30 :11 ; 149 :3-4 ; Sòm. 150 :4-6 ; Travay 3 :7-8
Tèks pou klas-la : Sòm 150
Vèsè pou resite: Sòm 149:3
Mwayen pou fè leson-an: Diskisyon, konparezon, Kesyon.
Bi Leson sa: Fè kretyen an konnen konpòtman li dwe genyen nan zafè danse

Pou kòmanse:
Pou labib, lè yon kretyen ap danse, sa fè wè ke moun nan kontan nèt ale ak Bondye. Avan Satan te fè danse tounen sal pa te ye-a, se te bon bagay nèt li te ye. Bondye te dakò avè-l. Anpil fwa, depi gen dans yon kote, te gen mizik ki akonpanye-l. Sòm 49:1-4. Kidonk, eske kretyen an ka danse tou?

I. **Annou wè koman yo danse nan le monn .**
Danse anba bon jan mizik fè fi ak gason kole pi pre. Gen de lè moun danse, yo bwè bwason, se pou mete yo sou sa. Lè yo pale de *Rock'n Roll*, se yon pawol ki vle di «*fè sèks*». Moun danse pou amize yo, pou fè tèt yo plezi.

II. **Danse pèmèt menm gason ki pi mal la ka rive fè lanmou avèk fi ki pat janm nan movèz vi.**
Dans pèmèt ou fè tout bagay ki lèd, pa egzanp, wa Ewòd dakò touye Janbatis pou fè plezi a yon fi paske li te kon vire senti li byen lè lap danse. Mak 6:22-24

III. **Kòman Bondye wè dans.**
1. Bondye konsidere dans tankou yon mwayen kretyen ka fè kè-l kontan, pou bay Bondye remèsiman pou sa Li fè. Sòm 149 :3-4. An nou konsidere ka nèg bout pye-a apwè Jezi te fi-n geri li. Travay 3 :8.
2. Pou Bondye, danse se yon fason pou lòm imilye'l devan grandè Bondye. 2 Samyèl 14 :20-22.
3. Pou Bondye, pa gen kesyon de dans nan fè nwa ou nan kache. Pa kesyon non plis de dans yon gason ak yon fiy kote moun ap fè senti, nan lye ki pa pwèske gen limyè, anba gwo mizik, etan yap chante pou louwe Bondye. Pa gen sa ditou.

IV. **Pouki rezon jènn moun yo danse.**
1. Anpil responsab legliz yo panse mal kesyon dans la. Jènn yo pwofite de bagay sa pou montre yo menm tou yo gen yon fason yo trete Kesyon sa nan jan pa yo.
2. Anpil jènn moun yo kwè si yo pa danse, zanmi yo ka kwè yo pa moun, alò yo oblije imite zanmi yo, pou fè moun wè.

V. **Men sa pou mande tèt ou.**
1. Eske-m ka envite Jezi vin danse avè'm sou pis la ?
2. Eske lè m'ap danse konsa, m'ap gen ase fòs pou-m mennen lòt moun vin jwenn Jezi ? Eske apwè-m fin danse konsa, mwen ka lapriyè nòmalman ?

3. Apwè-m fin danse konsa, eske'm kap temwaye pou Jezi ?
4. Eske nan dènye jou jijman-an, Jezi pap repwoche-m ?
5. Olye map kritike kretyen mwen kwè ki sòt yo, eske-m pa ta dwe rekonèt pito kòman rout lavi kretyen gen danje, kòman li gen pikan, yon rout jennen ak falèz agòch, adwat. Matye 7 : 13.
6. Eske-m pa dwe chwazi pito kè kontan Jezi bay nan plas kè kontan lemon nan bay? Sòm 16:11; I Jan 2: 17.

Kesyon

1. Pouki sa moun danse? Pou fè tèt yo plezi epi satisfè dezi lachè ?

2. Pouki sa kretyen an danse ?
R/ Pou di Bondye mèsi pou sa-l fè epi leve Bondye pi wo.

3. Sak fè jenn yo danse? Anvi fè moun wè, chirepit lidè relijye yo sou zafè danse la

4. Sa pou nou reponn lè yo envite nou danse?
a. Eske mwen kap envite Jezi nan dans la ?
b. Eske mwen kap temwaye pou Jezi nan dans la ?
c. Eske mwen kap mennen yon nanm a la konvesion nan dans la ?

Leson 5
Kretyen an ak zafe drog la.

Tèks pou monitè: Jenèz. 9:20-27; 19:30-38; Lev. 10:9-10; Prov. 31:4-9; ab. 2:15-16; 1Tim. 5:23
Tèks pou klas la: jenèz. 9: 20-27
Vèsè pou resite: Ab. 2:15
Bi leson an : Montre danje ki genyen nan pran dròg.
Mwayen pou fè leson-an : diskisyon, konparezon, Kesyon.

Pou kòmanse :
Poukisa moun pran dwòg? Anpil lajan depanse nan dwòg pou konbat maladi tansyon, enkyetid, mank somey, depresyon, fredi. Eske yo reyisi?

I. **Ki sa dwòg gen ladan'l ki pa bon ?**
   1. Li afekte jan lespri ou ye: ou fache fasil, ou pran desizyon ki pa bon. Egzanp.
   Noye te modi pitit li Kam apre li te finn tonbe anba bwèson. Jenèz. 9:25-27
   2. Li kòz ou deregle: 2 pitit fiy Lo yo te droge papa yo pou yo te kapab fè sèks ak li. Jenèz. 19:31-38
   3. Pa egzanp , Nikotin koz medam yo fè avotman, ti moun mouri nan vant yo, yo fè ti moun kreten, yo rente ; li koz chofè yo fè gro aksidan machinn.
   4. Mariwana kòz ou pa kapab konsantre sou yon travay serye epi li detwi sistèm defans ou kont tout sòt maladi.
   5. Yon fwa ou nan dròg, li difisil pou ou kite li.

II. **Sa Bondye di sou dròg.**
 1. Se pou nou kalma (piga nou bwè bwèson ki fè moun sou) . 1 Pi. 5:8
 2. Malè moun ki koz prochen li bwè... pou li ka fè li mete'l toutouni (peer pressure), Abakik. 2:15
 3. Lanmou pou dròg se yon siy de denye tan an : Moun renmen (sèks, dròg, lajan) plis pase Bondye. 2 Tim. 3:4
 4. Kò ou se bitasyon Bondye. Ou la kòm jeran kò-a. Sonje gen yon jou kap rive kote ou gen pou ran li kont de sa ou te fè ladan. 1Korent. 6:19-20
 5. Sèl moun fini ki kapab bwè. Men moun ki dwe dirije, moun ki gen avni pa dwe bwè. Yon presidan tafiatè pral pran desizyon-tafia ak "Pawòl tafia " pou fè tout nasyon an sou. Prov. 31:4-7

III. **Kòman nou kapab konbat dròg ?**
 1. Lapriyè, konfesyon, imilite, konvèsyon. Rev. 21:7-8
 2. Chèche wè espesyalis nan Sant Reyabilitasyon yo.
 3. De tanzantan, eseye bwè ji, lèt, dlo tankou bwèson, jis yon jou wa sispan bwè.

Pou fini :
Bay Bondye kò ou tankou sakrifis vivan, sen , epi agreyab. Lap bon pou ou menm, pou fanmi'y ou ak peyi ou.

Kesyon

1. Bay 4 danje dròg genyen.
   Li fè'w vin deregle, li fè w fè avotman, li fè ti moun kreten, li fè ou fè aksidan

2. Sa labib di sou dròg?
   Se pou 'w kalma, pa fe moun bwè, ko-w se bitasyon Bondye

3. Kiyès ki kapab bwè?
   Se moun ki fini ak la vi ki bwè

4. Ki konsey ou kap bay yon tafiatè?
   Se pou li esaye kite bwè piti piti. Pou li eseye ji, lèt ak dlo tou

Leson 6
Kretyen an ak jwèt daza

Tèks pou monitè a: Jen. 3:17-19; 1 Tim. 6:6-12; 2 Tim. 3 :2 ; Sòm. 73; Prov. 13:11; 20:21; 21:5-6
Tèks pou klas la: 1 Tim. 6:6-12
Vèsè pou resite: 1 Tim 6:10
Bi leson sa: montre danje ki genyen lè ou pa gen Bondye.
Mwayen pou fè leson-an : diskisyon, konparezon, Kesyon

Pou kòmanse:
Te gen yon Lanperè women yo te rele Vespazyen. Li di: "Lajan pa gen odè", Men eske lajan gen men valè ak lonè? Eske nou dwe genyen li nenpòt kòman?

I. **Men pouki rezon moun jwe daza.**
   Anbisyon pou vin gen lajan san fòse. Tim 6:9
   1. Lòm di: se sa ki nan men ki konte. Mat 6:34
   2. Lòm pa vle lòt moun pi wo pase yo. Sòm 73:3
   3. Lòm ap bat pou vin rich pa nenpòt ki fason, ke se nan touye moun, nan mazanza, nan vòlè zafè moun, nan fè manti…Det 18:10-12

II. **Jwèt satan le diab nan jwèt daza**
   1. Satanledyab wete nan nou tout fòs nou ta genyen pou n' fè Bondye konfyans.Jn 10 :10
   2. Satanledyab kouri pote lajan bay tout moun Bondye te deja fè plan pou fè yo rich. Mak 4: 8-10
   3. Satanledyab fè lòm goumen, lòm pa dakò ak parèy li, lòm arive menm touye frè li pou lajan. 1Tim 6 :10

III. **Ki sa Bondye di sou jwèt daza**
1. Bondye mande nou travay ak ponyèt nou pou nou sa fè kòb. Jenèz 3 :17-19
2. Pa gen anyen ou pap fè lè' w kite anvi genyen lajan pran tèt ou. 1 Tim 6 :10
3. Satan ofri nou pou nou boukante nanm nou ak richès isiba. Nap genyen byen pou yon ti tan, nap pèdi nanm nou pou toutan. Mat 4: 9

IV. **Ki sa labib mande pou nou fè.**
1. Labib mande nou pran Jezi pou Sovè nou. Mat 11 :28
2. Tout sa nou bezwen, mande Bondye yo nan lapriyè : Jn 14 :14
3. Viv ak sa ou genyen; pa bat kò'w twòp. Ebre 13 :5
4. Pa bliye sak' te rive Laza ak nonm rich la; lè tout bagay te fini, nonm rich la pa te nan bon kondisyon ditou, alòske Laza t'ap byen mennen. Lik 16 :23-25
5. Sa Bondye sere pou ou, yo pa gen parèy. Ebre 6 : 9

Pou fini
Travay, se yon lwa pou tout moun. Piske Bondye se travayè, an nou travay avè'l paske gen anpil jwa pou moun ki asosye avèl.

Kesyon

1. Ki rezon ki fè moun jwe daza?
   Pou yo gen byen san travay, pou yo fè wè paske yo pè mizè.

2. Kisa malen an fè pou ankouraje sa?
   Li bay lajan a moun Bondye destine pou gen lajan.
   Li fè moun goumen, moun touye moun pou lajan

3. Kisa labib di?
   a. Se nan amou pou lajan tout mal yo soti
   b. Viv ak sa ou genyen.
   c. Pa jalou sò moun.
   d. Vrè richès se nan Jezi li ye

Leson 7
Kretyen nan zafè politik

Tèks pou monitè a: 2 kron. 14:1-13; 20; Eza. 6:5; 13: 3-4; Dan. 3:15-19; Oze. 12:6; Prov 11:14; Lik. 18:36; 20:20-25; Ro. 13:1-7; 2kor.5: 19; 1 Pie. 2:13-17
Tèks pou klas la: Lik. 20:20-25
Vèsè pou resite: Lik. 20:25
Bi leson an: Montre atitid yon kretyen nan zafè politik.
Mwayen pou fè leson-an: diskisyon, konparezon, Kesyon

Pou Kòmanse:
Letènèl se pi gran politisyen ki genyen. Ou sezi? Li wa pou toutan. Yo rele li Bondye lame yo. Li gouvènen pèp li. Li gen anpil anbasadè. Li gen anpil espyon. Li konstwi epi li detwi nasyon yo. Kisa ou di de sa? Se pou sa nap mande: eske yon kretyen kapab fè politik?

I. **Sa mo politik la vle di**: Ro. 13:1-7
   1. Politik vle di fason pou w' sèvi peyi' w pi byen.
   2. Fè jefò pou w' pa janm pale peyi' w mal ak lòt moun.
   3. Defann enterè peyi' w.
   4. Bay moun travay depi ou kapab.
   5. Bay konkou pa-w nan fè zèv. (Sant De Sante, Lekol, Mezon Dakey, Ofelinat, Espò, pwoblem siklòn, dife, tranbleman tè)
   6. Ankouraje moun kap mete travay nan peyi-a.
   7. Travay pou touris devlope nan peyi-a. Fè komès, fè jaden, bay nouvel nan radio, nan jounal, nan televizyon.

8. Lapriyè pou gen bon gouvèman nan peyi'w.
   1Tim.2:1-2; 1Pye. 2:13-17

II. **Ki pozisyon Bondye nan zafè politik**
   1. Bondye dakò ak yon bon gouvènman.
      Prov 11 : 14
   2. Bondye mande nou pou nou fè sa lalwa mande nou fè, pou nou peye enpo, (peye taks), pou n'al vote.
      Mat. 22:21; Wòm. 13:6-7
   3. Obeyi Bondye pi plis pase obeyi otorite yo.Travay 5:29
   4. Kretyen an pa dwe chanje fwa li nan Bondye pou okenn gouvènman. Dan 3:15-19; Jan 8:36. Sonje Danièl ak twa (3) zanmi li yo ki te gen djob nan govenmn lè yo te nan diaspora nan vil Babilòn.

III. **An nou we kèk Kesyon etik:**
   Eske kretyen an kapab fè politik?
   1. Wa David sete politisyen. Li te konn batay tou. Men li te yon politisyen daprè kè Bondye.
      1Sam.13:14
   2. Bondye li menm bay tèt li non **Bondye kòm chèf lame yo**, li Bondye militè yo.
      Eza. 6:5; 13:4; Oze. 12:6
   3. Tout wa Izrayèl yo te konte sou Bondye pou viktwa yo. Pa egzanp Asa, Jozofa.
      2 Kron. 14:10; 20:12
   4. Nan tan apot yo, te gen militè ki kretyen ki tap sèvi nan palè Lanperè Seza. Filip. 4:22
   5. Bondye pale de anbasadè, de prens, de bon polis nan wayòm li, se senbòl espirityèl de gouvènman isiba.

Pou fini :
Pito nou gen dirijan ki kretyen kap ekri bon lwa pou 'n sa gen lapè e pwogrè nan plas dirijan koronpi kap egare pèp la menm si yo ta fè pwogrè nan zafè lajan ak travay.

Kesyon

1. Eske Bondye kont lame?
   Non . Li menm li gen lame pal

2. Sa politik vle di? Sèvi peyi ou byen

3. Bay kèk egzanp.
   Devlope travay, lekol, sante, rout, tourist

4. Kisa Bondye di de politik?
   Obeyi Bondye, obeyi otorite, al vote, peye taks (enpo)

5. Eske kretyen kapab fè politik? Wi e non

Diskisyon: Ant yon wa mechan, sipèstisye ak yon wa kretyen, kiyès pou'n chwazi?

Leson 8
Kretyen an ak Kesyon lagè

Tèks pou monitè a: Egz. 17; 1Kro. 22:1-10; Det. 20:1; Sòm. 46
Tèks pou klas la: Fil. 4:20-23
Vèsè pou resite: Fil. 4:22
Bi leson an: Montre atitid pou kretyen an genyen si gen lagè.
Mwayen pou fè leson-an: diskou, diskisyon, Kesyon.

Pou kòmanse:
Depi menm jou Kayen te touye Abèl la, dife lagè pa janm tenyen sou latè, lezom itilize zam fann fwa pou satisfè lògèy, jalouzi ak mechanste nan kè yo. Ki pozisyon kretyen an ta dwe genyen nan zafè lagè? Kòman li kapab defann patri li?

I. Dabo pouki rezon lòm fè lagè ?
1. Lòm konn vle fè lagè: pou yo jwenn plis tè pou fè bitasyon pou pakèt moun ki vin fèt yo, ou ankò, pou montre yo gwo nèg.
2. Lòm fè lagè pou fè kont, akòz yonn pa vle antann ak lòt, yonn pa vle wè lòt, yonn vle vanje sou lòt.

II. Men sa labib di nan zafè lagè sa
1. Se Bondye li menm ki te konn dirije lagè pou Izrayèl. Res. 21:14; Sòm. 46: 12
2. Nan kèk [1]ilistrasyon, Jezi te fè yon ti pale de lagè. Lik 14 :31

---

[1] Ilistrasyon= Yon pawol ou di pou fè sa'w vle di pi aklè.

3. Bondye rayi lè frè ap goumen kont frè.
   2 Kwon. 11:4
4. Bondye te byen ak David , se vre, men li pat asepte li bati tanp pou Li paske li te vese san moun . Nou pi vle kwe se paske li te touye Uri mal. Poutan Li te dako pou mouche te kontribye. 1Wa. 2:5;1 Kwon. 22:8-9; 2Kwon. 26:16-21

III. Pozisyon Apòt yo ak moun kap pote zam yo
1. Otorite yo pote zam yon fason pou yo bay tout moun sekirite. Ro 13 :3-4
2. Moun ki tap okipe zafè sekirite Seza nan palè a, se kretyen yo te ye. Fil 4:22
3. William Booth ki te mete kanpe relijyon Lame Di Sali-ya, li te yon militè.

IV. Ki sa kretyen an dwe fè nan ka lagè
1. Eske se pou glwa Bondye mwen pral nan lagè?
2. Pouki rezon lagè sa pral fèt menm? Eske se pou defan peyi 'm ou byen pou fè piyaj ?
3. Kòm kretyen, sa mwen pral defann nan lagè-a eske-l' jis?
4. Apwè' m' fin fè lagè sa, èske konsyans mwen ap toujou anpè?

V. **Kesyon opinyon**
Mennonite yo, sa vle di disip Mennon Simon, yo pa dakò ak lagè, ak sèvis militè.Yo ofri sèvis yo nan lòt depatman ki pa gen goumen, ni touye moun.

Pou fini:
Konnen ke ou pa fè okenn peche lè se pou defann patri ou, ou mèt touye 10,000 moun menm jan David te fè li a. Men si ou frape yon moun pa mechanste, jijman ap tann ou. E si ou se yon militè, yap jije-w nan tribinal militè yo rele Kou Masyal.

Kesyon

1. Pouki rezon pèp yo fè lagè ?
   Pou pran tè moun, pou fè vanjans, pou montre yo gwo nèg.

2. Eske Bondye kont lagè?
   Non, Li gen lame pal tou

3. Eske Jij la ou byen chèf polis la peche paske li pini ou?
   Non. Se dewal pou'l mete lod ak sekirite nan peyi a

4. Ki atitid kretyen dwe obsève si gen lagè?
   Li dwe poze tet li Kesyon:
   a. Eske se pou glwa Bondye ?
   b. Eske li pral defan yon koz jis?
   c. Eske konsyans li ap an pè apwe lagè-a ?

Leson 9
Maryaj ak moun ki pa konvèti

Tèks pou monitè a : Jij.16 ; Esd.9 :1-4 ; 10 :1-2 ; 1Wa.11 :1-8; 2kron.8 :11 ; 2korent.6 :14-18 ; 1Jn.2 :15-17
Tèks pou klas la : 2korent.6 :14-18
Vèsè pou resite: 2Korent.6 :14
Bi leson an : pa ankouraje maryaj ak moun ki pa konvèti yo.
Mwayen pou fè leson-an : istwa, konparezon, Kesyon

Pou Kòmanse :
Men yon gwo kesyon: Eske yon kretyen kapab marye ak yon moun ki pa kretyen? Kesyon an boule. nou pito voye ou nan yon libreri yo rele : ETIK KRETYEN . Men sa nou wè la dan:

I. **Kòman jwif yo te konsidere maryaj.**
 1. Jwif pa te dwe marye ditou ak moun lòt nasyon. Letènèl te defann sa. Esdras 10:10
 2. Bondye te pini yo lè yo fè sa , paske moun ki pa konvèti yo kon nan fetich, yo mache lakay bòkò , yo sèvi lwa ak lèsen, lèzanj. Yo marye ak dyab avan yo marye avèk ou. Jij 16:18-20; 1Wa 11: 3-4

II. **Koman moun nan peyi Lewop ak Lamerik wè mariaj**
 1. *An prensip*:
    a. Kretyen marye ak kretyen parey li.
    b. Lè kretyen yo vle marye, yo priye Bondye pou ba yo yon konpay ki kretyen.

c. Moun ki pa kretyen marye ak nenpot seks, jan yo vle. Nou pa wè li konsa nan bib la.
2. Men yon lòt bagay ankò:
Gen plizyè rezon ki fè moun marye ak moun ki pa nan menm relijyon ak li:
a. Travay moun sa yo ap fè.
b. Nivo vi moun sa yo.
c. Vye granmoun kap viv nan azil yo pa chache kesyon relijyon pou yo marye, yo marye pou yo gen yon moun pou distrè yo.
d. Nan ka sa yo, moun yo pran desizyon pou kont yo.

III. **Men kòman yo konsidere maryaj nan Nouvo Testaman.**
1. Lè yon moun ki kretyen marye ak yon payen, sa montre li pa fè Bondye konfyans. Lè sa Lesentespri wete kò-l sou moun sa. Lè-w tande sa, moun sa nan tout sa-k pa bon. 2Korent.6: 16-18
2. Apòt Jan di, lè sa rive, pye moun sa glise, li kite levanjil. Moun sa pa renmen Bondye vre. 1Jn.2:1

IV. **Men sa bagay sa pote**:
Sa pote anpil pwoblèm :
1. Lapriyè se yon batay. Yo pa antann yo pou y'al legliz, pou peye dim yo, pou kontribye nan annyen. Yonn vle batize ti moun , yonn vle prezante-l otanp.
2. Yo pa antann sou fason pou yo abiye. Yo chak gen sosyete yo. Yo pa vle soti ansanm. Chak moun gen rout li.

3. Yo toujou nan kont, nan di mo sal, goumen ak kalòt la pou demonte machwè moun.
4. Sa k'ap fè tribinal mete pye , separasyon ak divos mete pye.
5. Ti moun yo lage nan men manman pou kont li. Edikasyon yo ap mal pou fèt.
6. Sa konn fè yon rayi lòt, yonn gen degoutans lòt, yonn ap chache vanje lòt, yonn ap bat pou li remarye, yo ka menm touye tèt yo.

V. Men sa nou ta ka konseye moun sa yo:
1. Le nou anvi marye, lapriyè ansanm toutan nou kap fè sa.
2. Pran konsey nan men kretyen ki gen eksperyans
3. Li liv ki ka ede'w e sitou li labib.
4. Nan zafè maryaj prepare tèt ou, se pa pou yon moun ase, men pou lavni'w.
5. Pa di "ou pral plase avan, pou marye apwè.
6. Pa kouri marye ak premye moun ki di li renmen w' la.
7. Pa gen moun kap mete yon madanm ni yon mari pou rou nan bwat postal kay ou. Se pou'w soti pou sa jwen patnè w. Veye, priye, pase a laksyon.

Pou fini :
Obeyisans a Bondye se kle reyisit nan maryaj. Pa aji tankou amatè.

Kesyon

1. Poukisa jwif yo marye ak jwif parèy yo?
   Poutèt relijyon yo.

2. Kòman kretyen nan peyi oksidan wè zafè maryaj la? Ant moun ki gen menm fwa.

3. Kòman konsepsyon sa fè chanje ?
   Sikonsans la vi

4. Kisa Nouvo Testaman an di nan zafè sa ?
   R/ Maryaj ak moun ki pa konvèti se yon trayizon a Bondye.

5. Bay 4 bagay ki kap rive lè yon kretyen marye ak yon inkonveti: Anpil chirepit, divòs, divizyon, lanmò

6. Bay pou pipiti 4 rekòmandasyon pou kretyen yo: lapriyè, bon lèkti, chèche wè konseye kretyen, sispan fè ti menaj tout la jounen.

Leson 10
Kretyen an ak zafè planin nan

Tèks pou monitè a: Jenèz. 1:26-31; 17:1-5; 38:6-10; 1Tim. 5:8-15; Mal.2 :2
Tèks pou klas la: 1 Tim. 5:8-15
Vèsè pou resite: 1 Tim. 5:8
Bi leson an: Montre atitid kretyen nan zafè fè planin lan.
Mwayen pou fè leson-an: diskisyon, konparezon, Kesyon

Pou Kòmanse :
Peple e miltipliye...eske se pa sa premye kòmandman Bondye te bay lòm nan jaden Eden? Kote zafè bagay planin nan soti? Ki pozisyon nou kretyen nan bagay sa?

I. **Men pouki sa Bondye mete moun sou tè ya.**
Jenèz. 1:26-31; 2:21-22,24
1. Pou mete kanpe sou tè ya anpil fanmi'y. Jenez 1 :28
2. Bondye mete moun sou tè ya pou dirije, pou kontwole latè. Jenèz. 2: 15
3. Li mete yo sou tè ya pou ba li louwanj. Mal.2 :2

II. **Men ki baboukèt[2] lòm pote nan zafè fè ti moun nan**
1. Lòm pratike *Onanis* sa vle di li fè kòken nan fè sèks.
2. Nan tan nap viv la , lòm fè timoun ak kontwòl; lasyans pèmèt yo fè sa.

---

[2] Baboukèt= limit

3. Lòm rive mare matris fanm pou anpeche yo fè pitit, epi yo konn fè fi yo fè avòtman tou.

III. Men sa nou wè nan bon konpran nou
1. Li toujou bon pou gen timoun swivan mwayen ou genyen pou byen elve yo.
2. Si yon moun kwè ou pral mete yon moun sou chak ti bit tè, kwè m' si w' vle, latè p'ap janm rive plen moun vre nan fason sila.
3. Wè pito kòman ou ka pwoteje sante madam kap plede fè timoun sa yo nan bouyi vide.
4. Li toujou bon pou gen yon manman pase yon bèlmè; bèlmè pa manman.
5. Bat pou pa gen twòp timoun nan fanmi'y nan si ou pa gen mwayen pou elve yo. Konsa ti moun yo pap sa repwòche'w kòm lòtè mizè yap pase. Ou kap fè yo rayi Bondye paske yo pap vle mo papa-a soti nan bouch yo.

IV. Ki pozisyon kretyen an dwe adòpte
1. kretyen an dwe poze tèt li kesyon sa a: lè m' bat pou m' pa gen anpil timoun konsa, èske se pou ba Bondye louwanj?
2. Eske m' kalifye pou elve timoun?
3. Eske konsyans mwen anpè lè mwen fè planin ?
4. Eske mwen konsidere mwayen pou èlve timoun sa avan li fèt?
5. Eske se pè mwen pè pran reskonsblite lè m'ap evite genyen twòp timoun ?

Pou fini :
Ale jwenn Bondye. Dènye mo a se nan men'l li ye.

KESYON

1. Poukisa Bondye te kreye nou?
   Pou bay li glwa, pou peple, pou manedjè³ planèt la.

2. Ki jan de limit lòm te pote nan zafè sa-a ?
   Li fè planin.

3. Kisa nou wè nan bon konprann nou ?
   Nou dwe fè ti moun dapwe mwayen nou gen pou elve yo ; Nou dwe gen pitye pou madanm pou li pa ansent chak ane.

4. Ki jan pou kretyen konnen sa pou li fè nan ka sa ?
   Li dwe poze tet li Kesyon:
   a. Eske lap fè ti moun yo pou glwa Bondye
   b. Eske konsyans li an pè ak planin nan.
   c. Eske li fe planin paske li pè pou demen.
   d. Eske li konsidere koman ti moun yo pral repwoche kondit li lè yap viv nan mizè.

---

³ Manedjè= dirijan

Leson 11
Kretyen an ak Kesyon avòtman an

Tèks pou monitè a: Egz. 20:13; Sòm. 8; 27:10; 51; 135:16-17; 139; Jn. 10:10; Jer. 1:4-5; Lik.1:31-32; 1 Kor. 15:33
Tèks pou klas la: Sòm. 139:7-16
Vèsè pou resite: Sòm. 139:14
Bi leson an: Montre chatiman Bondye pou moun kap touye ti moun yo.
Mwayen pou fè leson-an: diskisyon, konparezon, Kesyon.

Pou kòmanse :
Bondye di : Mwen se lavi, mwen bay vi mwen, ou pa gen dwa touye. Kote zafè avòtman sa soti?

I. Kisa avòtman an ye?
Se tout mwayen moun anplwaye pou anpeche yon ti moun fèt lè ze-ya te deja nan vant manman-an. Sa se yon fòm asasinay.

II. Pouki sa yo fè fanm fè avòtman:
1. Pou pa kite fanm nan fè yon ti moun lè l' pa't vle sa.
2. Paske fanm nan we li pa gen mwayen pou fè elevasyon ti moun nan.

III. Kòman doktè yo wè Kesyon an
Doktè dakò fè avòtman se sèlman pou sove lavi manman an si timoun nan pa depase twa mwa nan vant manman-an. Lalwa dakò ak sa si sèlman lavi

manman an te an danje, e ke se sèl avòtman an ki ka sove l'.

IV. **Kòman Teolojyen yo wè Kesyon an**
 1. Ni Legliz Katolik ni Legliz Pwotestan pa dakò ditou ak avòtman. Legliz Katolik Li pa dakò menm ak Kesyon planin. Men Legliz Pwotestan li pa kont planin.
 2. Yon fanm ki fè avòtman li manke Bondye dega paske li touye yon moun. Sòm. 139:16; Rev. 22:15
 3. Bondye ap kondanen moun ki lach ak asasen yo tou. Revelasyon. .22:15

V. **Ki konsekans sa pote**
 1. Moun ki fè avòtman an p'ap janm gen konsyans li anpè.
 2. Li santi ke li degrade tèt li.
 3. Moun sa konn menm vle touye tèt li.
 4. Yo santi ke sosyete-a kondanen' l.

VI. **Kòman ou ka fè evite avòtman.**
 1. Pa frekante tout moun. 1 Korent. 15:33
 2. Pa fè sèks tout otan ou pa marye. Pa espoze tèt ou. 1 korent. 5:9-13
 3. Bat pou bay chak pote ti moun yo yon distans pou vant madanm nan gen yon kanpo.
 4. Al wè doktè ou epi pale ak bon kretyen ki konn bay konsèy nan sa
 5. Vizite yon jaden danfan. Wè si ou jwen ti moun ki sanble ak avotman.
 6. Adòpte yon timoun si ou kapab.
 7. Mete konfyans ou nan Bondye.

Pou fini : Remèt vi ou nan men Bondye pou evite ou gen regrè pou grenmesi.

KESYON

1. Ki sa avotman vle di ?
   Se touye yon ze pandan li nan vant fanm nan.

2. Ki lè la lwa dako pou fè avotman
   Nan twa mwa gwosès, Si vi manman an danje.

3. Ki pozisyon legliz nan ka avotman.
   Legliz pa dako di tou!

4. Kisa Bondye di de sa? Piga ou touye

5. Ki jan moun ki fè avotman santi li ?
   Konsians li pa anpè. Li santi li degrade. Li ta vle touye tèt li.

6. Kòman evite avòtman?
   a. Pa fè sèks avan maryaj.
   b. Pa frekante tout moun.
   c. We doktè ak kretyen ki kap bay w konsey
   d. Vizite jaden danfan yo.
   e. Sitou priye Bondye.

Leson 12
Kretyen an ak kesyon desten an

Tèks pou monitè a: Det.18:9-14; Lev.19 :31 ; Esa.8 :19-20, Miche.5:12; Mat 24:24; Rev. 21:8-22
Tèks pou klas la: Det. 18:9-14; Lev. 19:31
Vèsè pou resite: sòm. 37:5
Bi leson an: Montre danje divinasyon gen ladan'l
Mwayen pou fè leson-an : istwa, diskisyon, Kesyon.

Pou Kòmanse :
Kisa demen sere pou mwen? Sa se Kesyon moun ki pè. Yo vle pran reskonsablite destine yo. Eske yo gen rezon? Jeneralman kisa yo fè ki pi fasil?

I. **Yo ale kay bòkò. Yo konsilte papa lwa yo.**
   Det. 18:9-14
   1. Yo pale ak espri malen, y'al lakay moun ki wè nan chandèl.
   2. Yo lage kò yo nan owoskòp:
      a. Nekromansyen: sa yo kap rele mò yo
      b. Chiromansyen : sa yo ki li plat men yo
      c. Katomansyen : sa yo ki li kat yo, ki pase chapit.
      d. Oroskòp: yo chèche konnen destine yon moun daprè siy zodyak li, yo rale zetwal yo.
      e. Yo ale kay hougan yo ki li lavni swa nan gode, swa nan chandèl limen ou byen nan boul kristal. Se sal yap sal nanm yo epi fè Bondye fache. Lev. 19: 31

II. **Pouki yo fè sa**
1. Paske yo pa fè Bondye konfians, yo pè sak va rive demen. Mat 6 :33
2. Lanvi pouvwa pran tèt yo. 2 Kwon. 20:1; Dan. 2:1-2
3. Swa paske yo pa gen lanmou Bondye nan kè yo. Egzod. 5:2
4. Senpleman paske yo pa konnen Bondye, yo fè sakrifis manje lwa. Ro.1:21-23

III. **Jijman Bondye sou bagay sa**
1. Kelkeswa fason moun ap fè mazanza-a, Bondye pa dakò menm ak sa. Egz. 20:3; Det. 18:9-14
2. Li chase bòkò yo ak zakolit li yo pou li bay Izrayèl peyi an. Det. 18:14

IV. **Ki pozisyon ou dwe pran kòm kretyen.**
1. Lage tout lavni nou nan men Bondye. Sòm 31:16
2. Pa janm anvye sò lòt moun ki bò kote'w. Sòm. 73:3, 18
3. Kontante'w ak sa ou genyen. 1 Tim. 6:6
4. Sonje byen lavi nou komanse sou kalvè epi l'ap fini nan paradi. Mak.10:29-31
5. Konnen tou se pa siy Jemo, Lyon, Kaprikòn, Toro, Belye, Pwason ou la Viej ki regle vi nou. *Kretyen an plase anba siy la kwa de Jezikri.* Se Jezi ki mèt destine nou. Se devan li pou nou sa mete ajenou.

Pou fini :
Si ou malad ou pòv ou viktim, chèche wè Jezi. Se li menm ki mèt destine nou. Si ou itilize senp yo, relik yo, siy majik yo, ou prale nan lanfè.

Kesyon

1. Ki sa chiromansi vle di ?
   Yo li plat men moun pou di sa ki pral pase nan lavni yo

2. Ki sa katomansi vle di ?
   Yo pase kat pou di sa ki pral pase nan lavni moun

3. Ki sa nekromansi vle di /
   Yo rele mò pou di sa ki pral pase nan lavni moun vivan

4. Pouki sa moun ale kay bòkò ?
   Pou asire vi yo, pou pwan pwen chans, pou gen pouvwa, pou touye moun

5. Ki jijman Bondye pou moun ki ale kay bòkò?
   Lap detwi peyi a

6. Ki sa yon kretyen dwe fè pou destine li ?
   Renmèt vi li sou kont Bondye.

Revisyon vèsè yo

1. **Leson 1: Pwensip ki regle konpotman kretyen-an**
   Nenpòt travay yo ban nou fè, fè l' ak tout kè nou tankou si se pa pou lèzòm nou t'ap travay, men pou Seyè a. **Kolos. 3 :23**

2. **Leson 2: Kretyen ak kesyon la mod**
   Mwen ta renmen tou pou medam yo abiye yon jan ki kòrèk, tou senp, san fè indesan. Yo pa bezwen nan fè gwo kwafi, mete gwo bijou lò ak bèl grenn pèl ni rad ki koute chè sou yo. **1 Tim. 2: 9**

3. **Leson 3: Kretyen an ak zafe fe ti menaj**
   Pa renmen lemon, ni annyen ki soti nan lemon. Si yon moun renmen lemon, li pa gen reNmen pou Papa a nan kè li. **1 Jan 2: 15**

4. **Leson 4: Kretyen an ak zafe danse**
   Se pou nou danse pou fè louwanj li! Se pou nou bat tanbou, se pou nou jwe gita pou li. **Sòm 149: 3**

5. **Leson 5: Kretyen an ak zafè Dròg la.**
   Madichon pou moun k'ap fè moun parèy yo bwè pou avili yo. Yo vide bwèson ba yo jouk yo sou. Yo mete yo toutouni devan tout moun. **Abak. 2: 15**

6. **Leson 6: Kretyen an ak jwèt Daza**
   Paske, renmen lajan fè ou fè tout kalite bagay ki mal. Gen moun ki sitèlman anvi gen lajan, yo pèdi chemen lafwa a nèt: se pa de ti soufwans ki tonbe sou yo. **1 Tim. 6: 10**

7. **Leson 7: Kretyen An Ak Zafè Politik**
   Lè sa a li di yo: enben, bay Seza sa'k pou Seza, bay Bondye sa k' pou Bondye. **Lik 20: 25**

8. **Leson 8: Kretyen An AK Kesyon Lagè**
   Tout pèp Bondye a ki isit la, espesyalman sa ki nan pale Seza a, voye bonjou pou nou. **Fil. 4: 22**

9. **Leson 9: Maryaj ak moun ki pa konvèti**
   Pa mete tèt nou ansanm ak moun ki pa gen konfyans nan Kris la: Se pa sosyete konsa ki bon pou nou. Ki jan nou ta vle wèt nou ansanm ak moun ki pa gen konfyans nan Kris la: Se pa sosyete konsa ki bon pou nou. Ki jan nou ta vle wè sa pou bagay ki bon, bagay ki dwat, mele ak bagay ki mal? Ki jan pou limyè ta ka mache ak fènwa? **Kor. 6: 14**

10. **Leson 10: Kretyen an ak zafè planin nan**
    Si yon moun pa pran swen fanmi l', sitou moun k'ap viv lakay li, li nye konfyans li nan Bondye, li pi mal pase yon moun ki pa janm kwè nan Bondye. **1Tim. 5: 8**

11. **Leson 11: Kretyen an ak Kesyon avòtman an**
    M'ap fè louwanj ou, paske ou pa manke fè bèl bagay. Tou sa ou fè se bèl bagay. Mwen konn sa byen. **Sòm 139: 14**

12. **Leson 12: Kretyen an ak kesyon desten an**
    Renmèt kòz ou nan men Seyè a! Mete konfyans ou nan li, la ede w'. **Sòm 37: 5**

DIFE TOU LIMEN

Seri 4

FANM TOTAL KAPITAL NAN BIB LA

Avan gou

Depi lè Adan ak Ev te fin tonbe nan peche, lezòm lage tout chay la sou do fanm atèlansèy, nan tan lontan, fanm pa't gen okenn valè nan la sosyete. Nan ansyen kontra-a, yo pa't pran fanm pou anyen. Sa tèlman vre, lè yon moun ap konte kantite byen li genyen, li te toutafè nomal pou l' konte fanm pami byen sa yo. Jen 12: 16; Jen 16: 2-3

Gason te ka fè sa l' vle ak fanm, se konsa lè yon fanm jwenn yon gason rete ak li, li te bay sa tèlman enpotans ke l' te rive rele l' "Senyè". Jen 18: 12; 1Pyè 3: 6. Konsa si yon fanm ta tonbe nan adiltè, li pa t'ap chape. Li t'ap mouri anba kout wòch alòske gason an pa gen anyen ki pou te rive'l. Yo p'ap menm pran chans lonmen non li. Yon nonm ta ka gen pakèt fanm li, men pèsonn p'at aksèpte pou yon fanm gen lòt nèg sou mari li. An nou pran kòm egzanp wa Salomon ki te gen mil fanm. 1Wa 11: 3. Si yo te rive site non yon fanm nan listwa Ansyen Testaman-an, se pa't pou tèt fanm nan yo te fè sa, men se paske fòk non li te oblije nonmen pou eksplike yon bagay ki te pase.

Men, depi kilè fanm te vin gen valè? Se avèk vini Jezi nan lemonn. "Pawòl la tounen moun. Li te vin viv nan mitan nou". Jan 1: 14. Depi lè sa a, fanm te vin nan menm nivo ak gason. Jan 1: 14; Jezi pa't kenbe fanm adiltè a nan kè li.   Jan 8: 11. Jezi te menm rive ofwi dlo lavi a yon fanm peyi Samari. Jan 4: 10. Jezi te menm dakò ak fason yo t'ap adore li, ak jan famn yo te montre yo renmen li. Lik 7: 38. Nou sonje fi sila ki te bobo pye Jezi a epi ki te siye yo ak pwòp cheve li. Lè Jezi te leve soti vivan nan lanmò, eske nou pa sonje Li te rele Mari kòm premye misyonè pou bay nouvèl la a disip li yo? Mak 16: 6-7

Depi lè sa, fanm te antre nan sèvis Bondye: nan liv Nouvo Testaman an, nou jwenn fanm dyagonèz, fanm k'ap fè misyon. Nan legliz nou jwen fanm k'ap sevi kòm monitè Lekòl Di Dimanch, kòm manm nan Asosyasyon dam. Ansuit, nou jwenn anpil fanm ki jwe wòl enpòtan nan aktivite legliz.

Se Jezi ki mete yon fwen nan zafè gason ki te gen dwa gen plizyè fanm, lè li mande pou chak gason gen yon grenn fanm jouk li mouri. Se depi lè sa a, si yon nonm gade yon fanm ki pa madanm li, nan lide pou fè lanmou ak li, bagay sa devni peche e se menm yon krim yo rele adiltè. Si jouk jounen jodya, lè gason fè adiltè lalwa p'ap kondane l', pou tèt gason se chèf fanm, se pou li sonje tou, antan ke chèf, li dwe pran Kris la kòm egzanp. Kris si renmen legliz li ke Li mouri pou sove li. Efezyen 5:22-23.

Lè apòt Pòl di: "Fanm pa dwe bay okenn ansèyman", se te paske apòt Pòl te jwen yon gwo pwoblèm nan legliz Korent. 1 Timote 2:12. Timote ki te yon jenn pastè an tèt legliz la te jwen yon kalite medanm ki te vle fè otorite sou ministè pastè-a. Yap trouble sèvis dadorasyon yo. Konsa Pòl te vle mete yon fwen nan dezòd sila e li deside pou fanm yo pa anseye. Dezòd sa pa't ka fèt nan legliz Krèt. Tit 2: 3-6. Okontrè ni apòt Pyè ni Pòl te toujou ankouraje kretyen yo pou yo rèspèkte fanm. Yo fè yo konnen Bondye pa bay gason plis enpòtans pase fi; tou le de gen menm valè nan zye Bondye. Efez 5:25; 1 Pyè 3: 7.

Tout sa nou di la a, se te pou konbat vye lide gason gen sou fanm.. Poutan, lè yon gason renmen yon fanm tout bon, li pa chache tout matikal sa yo.

Se mesaj Renaut Pierre Louis, lòtè liv la.

Leson 1
Ev, yon fanm san parèy

Tèks pou monitè-a: Jen 2 ak 3; 2 Korent 11:3; 1 Tim. 2: 13
Tèks pou klas la: Jen. 2: 18-25
Vèsè pou resite: Jen. 1 :23
Mwayen pou fè leson-an: Istwa, konparezon, Kesyon.
Bi leson an: Prezante Ev kòm premye fanm nan lemonn.

Pou kòmanse
Eske ou konnen depi nan tan lontan, fanm te toujou gen twa(3) non? Se sa'k fè pa gen tankou fan-m.

I. **An nou wè non sa yo:**
Jen 1: 26-27; Jen 3: 20; 2: 23
1. **Adan** ki vle di : lemonn antye, tout kretyen vivan, gason ak fanm. Jen 1: 26-27.
2. **Fanm** Nan lang Ebre, yo di Icha, femel gason. Jen 2: 23
3. **Ev**, lavi. Piske se fanm ki fè pitit. Jen 3: 20. Lè Adan reveye, li wè Ev. Se pa't Stèv li te wè, se pou tèt sa, zafè gason kouche ak gason parèy li, ou byen fanm kouche ak fanm parey li, se koupe sa sèk. Bondye te rele gason-an Adan e li te rele fi ya Ev, *paske se nan gason-an li te soti.* Papa Bondye te fè fanm ak gason tounen yonn, pèsonn pa gen dwa separe yo.

II. **Men bon kalite nou jwenn nan Ev:**
Jen 2: 22; 4: 1, 2, 25
1. Premye fanm sa te korèk, total kapital. Li pat janmen yon ti bebe ni grandi pou vini

demwazèl. Ev, antan ke premye fanm, te gen plizyè timoun. Apre la dezobeyisans, se sèl Kayen, Abèl ak Sèt nou te pi konnen.
2. Ev se te premye fanm ki te vin madanm yon nonm. Bondye te fè l' ak pwòp men li. Lè sa-a li te bay Adan yon anestezi. Li pran yon zo kòt Adan pou li konpoze Ev. Ev te kreye kom yon èd pou Adan. Kom Ev te vle fè yon ti kout chèf, sa te fè l' pèdi bonè li. Jen 3: 16.
3. Ev te pwemye fanm e li te pi bèl fanm ki te genyen nan lemonn. Li te pi bèl menm pase gason ki ta pi chik la.
4. Ev te premye fanm ki te fèt san peche.
5. Ev te premye koutiryè nan lemonn. Jen 3: 7
6. Ev te premye fanm ki te tande sa ki ta pral pase sou mòn Gòlgota. Pitit pitit li ki se Jezi, ta gen pou kraze tèt Satanledyab. Jen.3: 15

III. **Ev te gen ti feblès tou.** Jen.3: 6; 4: 8
1. Se premye fanm Satanledyab rive mete men sou li. Lè Ev te fè peche a, se pa't paske li te vle dezobeyi Bondye, men se paske li te gen kiryosite, yon anvi posede avan lè. Donk, fòm dezobeyisans sa nou rele peche ya, se kè cho Ev te genyen pou li posede yon bagay ke papa Bondye pa't kò deside pou ba li. Jen 3: 6
2. Ev se te premye fanm ki te fè yon pitit ki te devni yon asasen. Kayen te touye frè li Abèl. Jen 4: 8
3. Paske li gen kè cho, li lakòz Lòm fè anpil betiz.

Pou fini
Akòz fason fanm fèt la, fason li reflechi, fason l'ap agi, sa fè fanm p'ap janm menm jan ak gason. Se pou fanm rete sa l' ye a, sa vle di, li la kòm yon èd pou gason. Li la pou obeyi li nan sa ki dwat pou gen la pè ak lanmou nan mariaj yo.

Kesyon

1. Site tout non fanm genyen.
   Adan, fanm, Ev.

2. Site tout bon kalite fanm genyen.
   Li te korèk, bèl, pi, se pwemye koutiryè, pwemye manman

3. Site defo li genyen.
   Li te gen kè cho, li te vle posede avan lè

Leson 2
Sara, yon fanm obeyisan

Tèks pou monitè-ya: Jen chapit 12 ak 14; 17: 15-19; 20 jiska 23.
Tèks pou klas la: Jen. 18: 1-12
Vèsè pou resite : Jen. 18 :12
Mwayen pou fè leson-an: Istwa, Kesyon konparezon,
Bi leson an: Montre kòman lè yon fanm gen obeyisans sa fè kay la fè pwogrè.

Pou kòmanse
Eske ou konnen paske Sara te obeyi Abraram, sa te pèmèt bagay yo mache byen lakay yo? Men, ki moun Sara te ye?

I. **Sara, yon gwo zotobwe.**
Jen 12: 4; 14: 13; 17: 15, 17
Non Sarayi ki vle di fanm zotobwe nan peyi Kalde a, ta fè nou kwè Sara te yon ti boujwa . Bondye te rele l' Sara, ki vle di pitit fiy wa. Sara te premye fanm nan peyi payen tankou Abraram yo te rele Ebwe. Kòm ki dire, se kongo Abraram te ye nan peyi Kanaan. Jen. 12: 15; 14: 13.

II. **Sara te trè bèl fanm**
Sara te sitèlman bèl, lè'l gen swasannsinkan (65) daj, li te rive fè wa farawon pèdi lòlòj li. Wa a fè yo kidnape l'. Se menm bagay la ki te rive wa Abimelek lè Sara te gen katrevendi (90) zan nan tèt li. Jen 12: 15; 20: 2

III. **Sara, yon fanm rich**
Abraram te resevwa anpil byen kòm dedomajman nan men de (2) wa sa yo ki te vole Sara, madanm li. Li te mete tèt li ak Sara pou yo kondi byen yo te genyen nan men yo. Jen 12:16; 20: 16

IV. **Sara te yon fanm ki pa't ba tèt li pwoblèm pou anyen**
Li te bay Abraram, mari li, pèmisyon pou l'al kouche ak Aga, sèvant li, pou yo sa gen yon pitit ke Sara ta va adopte. Sa pate peche nan tan sa-a. Jen 16: 1-3

V. **Sara te konn rèspèkte tout moun**
Men lè gen moun de pasaj nan kay la, Sara pa't janm sispann rele mari li "Seyè" ki vle di "ou se mèt mwen, se chèf mwen, ak tout bagay ki pou mwen". *Jan de moun sa yo, ou pa jwenn yo fasil.* Menm lè Abraram te deside ofri ti Izarak an sakrifis a Bondye, Sara pa't janm mete l'an kwa pou mari l' pa't fè sa. Sepousa, Abraram te toujou fè tout sa Sara mande l'. Annou wè pa egzanp sa ki te pase ak Izmayèl, pitit Abraram te fè ak sèvant li, Aga, moun peyi Ejip la : Ti Izmayèl t'ap pase Sara nan tenten, bagay tout timoun konn fè, Abraram pa't reflechi yon segonn pou-l mete pitit la ak tout manman an deyò, lè Sara te mande l' sa. Jen 19: 25; 21: 9-21

VI. Yo konn di ke lè Abraram t'ap ofri pitit lejitim li a, Izarak an sakrifis a Letènèl, jan Bondye te mande'l, sezisman te koupe kè Sara. Men Li mouri a laj de sanvennsèt tan (127). Izarak te gen lè sa a trannsèt tan (37); lè sa a Aga ak tout pitit li Izmayèl te deja kite kay la byen lontan. Jen 23: 1

Pou fini:
Nou menm fanm k'ap viv jodya, pran egzanp sou Sara, si nou vle bagay yo mache byen lakay nou.

Kesyon

1. Kisa non Sara vle di? Pitit fi wa, pwenses

2. Kisa Sara te gen nan li kòm don?
   Li te trè bèl, très dous.

3. Kòman Sara te rele mari li?
   Mèt mwen, Seyè mwen

4. Kòman li te fè gen premye pitit gason li an?
   Sèvant li te fè li pou li.

5. Kòman yo te rele sèvant sa? Moun ki kote li te ye?
   Non li se Aga, moun peyi Lejip.

6. Ki laj li te genyen lè Izarak te fèt?
   Katrevendizan.

7. A ki laj li mouri e ki kote yo te antere l'?
   A sanvennsèt tan daj, nan kavo wòch Makpela-a.

8. Pou ki sa Abraram te bay Sara tout sa li te vle ?
   Paske Sara te renmen-l, li te rèspèkte-l.

Leson 3
Rebeka, yon fanm kalite

Tèks pou monitè a: Jen chapit 24 jiska 27
Tèks pou klas la: Jen 25: 19- 26
Vèsè pou resite : Wom 9: 10
Mwayen pou fè leson-an: istwa, konparezon, Kesyon
Bi leson an: Prezante Rebeka kòm yon fanm ki gen kalite.

Pou kòmanse
Eske pou yon fanm kòrèk fòk li pa ta bèl? Se pa vre! Si se te konsa l' te ye koman nou ta fè vin pale-w de Rebeka? Rebeka sa ou tande la, se te ti nyès Abraram. Rebeka se te yon pèl, si tèlman li te bèl. Tou sa yon bon fanm ta dwe genyen, ou jwenn yo tout nan Rebeka. Jen 26: 7

I. **Annou wè vi li lè l' te jenn**.
Jen 24: 10; 15 jiska 19.
Li te konn gade mouton. Li te yon fanm djanm e li te renmen travay.
1. Tandiske frè li Laban te rete lakay, Rebeka al chache dlo pou tout mouton yo e ou pa't janm konnen lè l' fatige, men lè l' dwe bay dis chamo dlo. Fòm di ou tou, lè yon chamo swaf, l'ap bwè ven galon dlo yon sèl kou.
2. Li te konn resevwa moun. Lè li resevwa moun lakay li, li fè paran l' konnen kòman li te rankontre moun sa. Si li te resevwa yon kado nan men yon moun, li te toujou di paran l' tout sa. Jen 24: 22, 25, 28, 30.

3. Li te tèlman bay travay lakay enpòtans, dizwitan jwen li lakay paran li. Epoutan, lè l' te gen pou marye, se annakò ak paran li ke Rebeka te kite kay la. Jen 24: 51, 57-59.

II. **Kòman Rebeka te konn viv nan fanmiy li.**
Jen 25:19- 22 a 26
1. Pandan ven (20) lane, li pa't ka fè pitit. Li pat janmen di se mari li ki lakòz. Li pa't jwenn nan sa yon pretèks pou li te twonpe mari li. Li te vin gen de (2) ti jimo ki te rele Ezayi ak Jakòb. Aprè ven tan l'ap priye san rete, Bondye ba li repons.
2. Sèl èrè li te fè kòm manman, se paske li te montre li gen plis feblès pou Jakòb. Poutan, Izarak, mari li te gen plis feblès pou Ezayi. Sa lakòz gen yon jalouzi, yon rayisman nan ras de moun sa yo. Ann sonje sa k'ap pase nan peyi Aman, Trans Jòdani, peyi Izrayèl konnye-a. Jen 25: 27-29.
3. Lè Rebeka mouri, yo pat janm di ke Jakòb te la pou asiste lantèman li. Se konsa yo te antere l' nan twou wòch Makpela a, menm jan yo te fè pou Sara, madanm Abraram. Jen 49: 31.

Pou fini:
Kwake li te yon manman toleran, menm jan sa ye pou anpil manman, sa pa anpeche ke li te yon fanm modèl. Se depi kay paran l' li te aprann bèl kalite sa yo. Li pa't janm aprann yo pou yon gason, li te konnen yo pou lavi.

Kesyon

1. Ki moun Rebeka te ye? Ti nyès Abraram.
2. Ki te metye l'? Li te konn gade mouton.
3. Ki karaktè li?
   Li te renmen travay, li te konn resevwa moun e l' pa't egoyis nonplis.
4. Pandan konbyen tan li pa't ka fè pitit? Ven tan.
5. Kòman yo te rele pitit li yo? Ezayi ak Jakòb.
6. Ki feblès li? Li te pi renmen Jakòb pase Ezayi.
7. Kote yo te antere l'?
   Nan twou roch Makpela, menm kote yo te antere Abraram ak Sara.

Leson 4
Debora, yon fanm san parèy

Tèks pou monitè a: Jij chapit 4 ak 5
Tèks pou klas la: Jij 4: 1-11
Vèsè pou resite: Jij 4: 9ab
Mwayen pou fè leson-an: Istwa, konparezon, Kesyon
Bi leson an: Fè wè kòman fanm jwif sa te yon bon lidè.

Pou kòmanse:
Debora te pran plas Changa kòm jij nan peyi Izrayèl la, kòm ki dire Changa te pote pantalon pou bèl twal. Nan ansyen kontra a, afè fanm kòm lidè a pa't alamòd ditou. Fòk Debora ta yon moun espesyal pou l' ta jwen djòb sa a.

I. **Lavi Debora nan fanmy li.** Jij 4: 4; 5: 31c
   Lapidòt ki te mari Debora, pa't anpeche madanm li okipe plas jij nan peyi Izrayèl pandan karant (40) tan.

II. **Lavi politik Debora:** Jij 4: 5; 5: 7
   Debora te yon lidè total. Lè l' wè pèp la ap pèdi lespwa, li te aji tankou yon bon manman pou pèp Izrayèl la. Li reyini pèp la anba yon pye Palmis tout moun te rele *Palmis Debora*, pou li mande yo sispann sèvi zidòl pou yo sèvi Letènèl pito.

III. **Karyè militè Debora.** Jij 4: 8-9, 2
   Debora pase Barak lòd. Barak, se te jij ansuit la. Debora di li pou l' goumen ak gran don peyi Kanaran an. Barak te gen yon ti jan pè lè l' sonje

mizè pèp Izrayèl la te pase pou l' te rive soti anba esklavaj. Men, li mete gason sou li lè Debora di l' l'ap kanpe avè l' nan lagè ya. Bondye te kanpe ak tout di mil (10,000) solda Izrayèl yo ki te dakò pou al goumen kont KanaNen yo. Sizera chèf lame KanaNen yo te gen di mil solda tout ak nèfsan cha en fè. Malgre sa lame Izrayèl la bat li. Yo pete kouri. Jij 4: 10-14; 5: 8

IV. **Debora nan zafè legliz.** Jij 4: 6, 9.
Annou wè chan louwanj Debora pou di Bondye mèsi. Jij 5: 1-31. Bondye bay Debora don kòm pwofèt, don pou jije epi don la fwa tou. Sa te ede Barak ak lame Izrayèl la goumen. Jij 4: 9

V. **Debora kòm samba**[4]. Jij chapit 5
Debora te konn ekri pou bay lenstriksyon. Nan pwezi li ekri yo, men sa li fè nou konnen:
Nan tan Changa te jij avan Debora, pèp Izrayèl la t'ap sèvi zidòl. Sa te kòz yo te pase tray nan men moun peyi Kanaran yo. Jij 5: 6- 8
Menm lè te gen yon lame ki te gen ladan l' karantmil solda, pèp Izrayèl tap bese tèt devan pèp Kanaran yo. Jij 5: 8
Te gen twa tribu Izrayèl ki pa't pran pa nan goumen an. Se te: Riben, Dann, ak Azè.
Debora te ankouraje jeneral lame yo. Jij 5: 2
Debora te rive gen batay la akòz yon gwo lapli lagrèl, vin jwen ak dife ki te kontre ak yon gwo inondasyon dlo ki te Ne cha Sizera yo nan larivyè Kison an. Tout glwa pou Bondye!

---

[4] Samba= moun ki kont kompose ak resitè poezi

Pou fini:
Ou menm fanm, èske wa gen kouraj sa a?

Kesyon

1. Ki moun Debora te ye?
   Yon madanm marye, yon jij, yon solda, yon powèt, yon pwofèt.

2. Ki bon kalite li te genyen?
   Don lafwa, don pou jije, don pwofesi.

3. Ki moun ki te vini aprè l'?
   Barak, ki te jij ak chèf lame.

4. Ki sa k' te fè pèp Izrayèl la pè? Li t'ap adore zidòl.

5. Ki ras moun ki pa't nan batay la?
   Riben, Dann ak Azè.

6. Kouman Bondye te bay pèp la laviktwa sou pèp Kanaan-an?
   Li te voye you delij lagrèl, lapli ak dife sou pèp Kanaran-an.

7. Ki moun Debora te remèsye?
   Papa Bondye.

Leson 5
Rit, yon fanm payen ki pran promosyon

Tèks pou monitè a: Tout liv Rit la
Tèks pou klas la: Rit 1: 11-18
Vèsè pou resite: Rit 1: 16
Mwayen pou fè leson -an: Istwa, konparezon, Kesyon
Bi leson an: Montre kòman chanjman vi Rit fè li byen.

Pou kòmanse
Nan tan jij yo, te gen yon gwo grangou nan peyi Izrayèl e sa te lakòz Elimelèk ak fanmi-y li al viv nan peyi Mowab ak Nawomi madanm ni ansanm ak de (2) pitit gason li Maklon ak Kiljon. Ti mesye sa yo te marye, yon ak Rit, lòt la ak Orpa. Yo te viv la pandan dizan. Pandan tan sa a, Elimelèk mouri kite Nawomi, Maklon mouri kite Rit, e Kiljon mouri kite Orpa. Kisa ki pral rive? An nou suiv istwa sa.

I. **Fason Rit te montre konfyans li.**
Nawomi te pran desizyon l' pou tounen nan peyi l' pou kont li. Rit 1: 8
Bèlfi li yo, palan de Orpa ak Rit, pa't ka kenbe dlo nan zye yo. Orpa te retounen al jwenn paran li.
Rit 1: 3
Poutan, Rit te vle rete ak bèlmè li. Nawomi pat twò dakò. San dout, li pa tap vle moun kay li repwoche'l mariaj pitit li yo ak yon payen. Men Rit pat tande ni wo ni la. Li fè sèman sou vi li pou rete ansanm ak bèlmè li. Rit 1: 16
Konsa Rit te akonpaye Nawomi jouk nan vil Betleyèm. Rit 1: 19

II. **Chanjman kondisyon vi li.** Rit 2: 1-7
 1. Depi Rit rive nan peyi a, l'ap chache travay menm lè l' pa't gen okenn papye legal pou sa. Li te ale travay nan jaden. Rit 2: 2
 2. Li te tèlman deside travay, sa te atire atansyon Boaz, mèt travay la. Moun k'ap rekòlte yo, pa't manke pale byen de Rit. Rit 2: 6-7; 16.
 3. Pa chans konsa, Nawomi t'ap di Boaz tout bon bagay Rit te fè pou li. Rit 2: 11
 4. Depi lè sa, Rit te vin moun pa Boaz. Rit 2: 15-16

III. **Bèl avni Rit**
 Nawomi fe kon mannigèt pou Rit ak Boaz kapab gen bon rapò. Sa te mennen maryaj Rit ak Boaz. Rit 3: 1-7
 Rit ak Boaz te fè yon pitit ki rele Obèd, granpapa wa David, zansèt Jezikri.

Pou fini
Zafè adore Kemòch la fini. Zafè rete vèv la fini. Zafè viv nan peyi-a san papye-a fini , pliske l' marye konnyeya ak yon sitwayen peyi a. Sa se yon bèl bout wout, se pa vre?

Kesyon

1. Ki moun Rit te ye? R/ Moun peyi Mowab

2. Koman yo te rele mari li ? Maklon

3. Ki moun Nawomi te ye? R/ Madanm Elimelèk

4. Nan ki peyi li te soti? R/ Betleyem

5. Pouki sa yo te kite peyi yo? R/ Pou grangou

6. Ki desizyon Rit te pran? R/ Pou rete ak Nawomi bèlmè li jouk li mouri

7. Ki rekonpans li te jwenn? R/ Li te rive marye ak Boaz

8. Ki moun Boaz te ye ? R/ Paran Nawomi

9. Ki privilej Rit te vin genyen ? Li te vin legal nan peyi-a. Li te vini grann David, zansèt Jezikri.

Leson 6
Ann, yon manman ki konn batay

Tèks pou monitè a: 1 Sam. Chapit 1 ak chapit 2, Lik 1: 46-55
Tèks pou klas la: 1 Samyèl 1: 19-29
Vèsè pou resiste: 1 Samyèl 1: 27
Mwayen pou fè leson: Istwa, konparezon, Kesyon.
Bi leson an: Fè wè nan Ana yon fanm debyen.

Pou kòmanse
Ana te gen gwo soufrans. Men pou rive konprann soufrans Ana, se pou-w ta va nan pwoblèm pou wap trennen alòske lèdmi'w ap mennen.

I. **Peripesi Ana te pase.** 1 Sam. 1: 2,6
   1. Mari li te rele Elkana. Nonm sa te genyen yon lòt fanm yo te rele Penina. Fiy sa tap grennen pitit. Penina ap pase Ana anba rizib tout la senk jounen poutèt li pa't ka fè pitit. 1 Sam. 1: 6
   2. Menm lè Elkana te ba Ana anpil kado ak anpil lanmou, sa pa't ka kontante li. Ana pèdi somèy li ak apeti'l. Li te vin piti anpil. Toutan lap kriye tankou ti moun. 1Sam.1: 5,7.
   3. Ana te sitèlman ap soufri li pa't gen kouraj louvri bouch li lè l'ap lapriyè. Menm jès li t'ap fè yo te pèmèt ou konprann kòman li te nan gran soufrans. Sepoutèt sa, Eli, sakrifikatè ya te kwè Ana te anba tafia. 1Sam. 1: 12-16

II. **Jou pou Ana delivre a rive**
   1. Delivrans Ana kòmanse lè li aksèpte bliye Penina pou li ale nan pye Bondye pito.

2. Ana kanpe sou konviksyon sa: si Bondye rive bay li yon pitit, l'ap mete ti moun sa apa pou sèvi Bondye tout vi li. 1Sam.1 : 11
3. Sakrifikatè Eli te bay li benediksyon: li di li "Lane pwochèn alè konsa ou va genyen yon pitit. Depi lè sa a Ana te ramase fòs kouraj li, li manje. La menm figi li chanje, li komanse pran ti gwose. 1Sam. 1: 18
4. Yon lane aprè sa, Ana rive fè yon pitit li te rele Samyèl. Apèn ti Samyèl te ka mache, An te vin ofri Letènèl twa (3) toro bèf ansanm ak Samyèl, pou ti gason sa sèvi Bondye nan tanp la. 1 Sam.1.24-28; 2: 11
5. Bondye te ba Ana senk (5) lòt timoun pou montre Ana kòman li te reponn priyè li. 2: 20-21. Sa pa te anpeche Ana monte nan vil Silo chak ane pou pote pou ti Samyèl yon wòb ki te nan tay ti Samyèl, wòb ki bon pou sèvis nan legliz. 1Sam. 2: 19

III. Men Ana k'ap di Bondye mèsi
1. Jan Ana te di Bondye mèsi a te sanble tèt koupe ak jan Mari manman ti-Jezi te fè a. Lik 1: 16-55.
2. Li di Bondye mèsi pou tèt Jan li sen, Jan Bondye gran , epi Jan Bondye gen fòs. 1 Sam. 2: 1-2
3. Li di Bondye mèsi paske Bondye kenbe pawòl li. 1Sam.2: 3
4. Ana di Bondye mèsi paske Bondye leve ront li 1Sam. 2: 8.

Pou fini
Men yon fanm ki wè Bondye anvan tout bagay! Annou sispann babye. Annou fè pito tankou Ana.

Kesyon

1. Ki moun Ana te ye? Madan Elkana epi kotri Penina

2. Ki sa'k te genyen? Li pa't ka fè pitit.

3. Ki sa li tap soufri?
   Penina kotri li t'ap pase l' nan betiz poutèt sa

4. Ki lè li rive soti anba la soufrans sa-a?
   Lè-l tonbe nan lapriyè.

5. Ki pwomes li te fè Bondye?
   Si li bay li yon pitit, lap konsakre'l a Letènèl.

6. Kòman yo te rele timoun sa? Samyèl

7. Konbyen timoun Ana te genyen aprè li te fin fè Samyèl? Senk (5)

8. Ki sa Ana te fè chak ane?
   Li pote rad sèvis legliz pou Samyèl.

Leson 7
Este, yon ren ki te pi bèl nan tout lemonn

Tèks pou monitè a : Estè Chap 1 a 4
Tèks pou klas la : Estè 2 : 15-18
Vèsè pou resite : Estè 2 : 17
Mwayen pou fè leson an : konparezon, istwa, Kesyon
Bi leson an: Fè wè bèlte yon fanm tankou yon gro zam.

Pou kòmanse
Depi toutan gen tan, se premye konkou bèl fanm nou te asiste. Devine kiyès ki va gen lamayòl sou sanvennsèt (127) bèl fanm ki te nan konkou sa a? Se te yon jenn fi peyi Izrayèl ki te rele Estè.

I. **Koman Estè te loreya[5] nan konkou sa ?**
   1: 1-4, 10-13, 22
   1. Peyi LaPèrs ki devni kounye-a peyi Iran, te gouvènen lemonn nan tan sa a. Wa Asyeris t'ap dirije sanvennsèt (127) nasyon antou. Li te envite chèf chak nasyon sila yo nan yon "Desafi" epi lè sa wa a fè yon espozisyon tout richès li devan je tout envite yo pou yo bay li louwanj pandan sis (6) mwa. Lè tan sa rive sou bout li, wa te fè yon resepsyon kite dire set (7) jou. Lè sa, gason tap fete yon bò, fanm tap fete yon lòt bò. Nan dènye jou fèt sa, wa Asyeris mande rèn Vasti vin montre jan li bèl devan zye tout moun. Rèn Vasti pa't obeyi wa a, li pa't mete pye. Sa te fè wa a fache anpil

---

[5] Loreya= premye anro tèt tout moun nan yon egzamen

atèlpwen li te mete rèn Vasti atè kòm rèn e li òganize yon konkou pou li chwazi yon lòt rèn. Vle pa vle, se nan konkou sa pou rèn nan sa soti. Estè. 2: 2-4

2. Te gen antou sanvennsèt (127) bèl fanm ki te repwezante 127 peyi nan konkou sa. Fi sa yo ta dwe pran swen kò yo pandan tout yon lane. Yo ta dwe pran leson sou lamòd ak makiyaj nan men mèt Ege ak mèt Chazgaz nan tan sa a, epi se wa Asyeris menm ki ta dwe di ki lès ki pi bèl nan konkou sa. 2: 3, 8, 12

3. Men koman sa te pase:
    a. Se rèn Estè ki te bon nan konkou sa kòm fanm "ki pi bèl nan lemonn antye" sou sanvennsèt (127) kandida yo. 1: 1; 2: 17
    b. Wa Asyeris fè yon fèt ki pa rete ak fèt pou fete bagay sa. 2: 17-18
    c. Wa Asyeris te vin souf kon gan epi kè l' te louvri tou. Vèsè 18

II. **Ki te segrè rèn Estè pou li te bon nan konkou sa** . Estè 2: 10, 13, 15.

1. Rèn Estè te pran swen kò li ki te vin trè bèl. Pou rèn Estè, bote sa se te yon kado Bondye te fè li. Li pa't fè ekstravagans nan anyen, li te rete senp. Se paske l' te konn abiye tou senp lan menm ki fè l' te vin pi bèl.
2. Rèn Estè pa't bliye veye sou konpòtman li tou. Rèn Estè se moun kite konnen kenbe sekrè; li te veye sou sa lap di. Se pa nan bouch li pou konnen bagay k'ap pase lakay li. Sa te pèmèt li pa't janm gen pwoblèm ak pèsonn. 2: 10
3. Li te veye tou relasyon li ak Bondye. Lè jwif yo te nan gwo tèt chaje nan kapital peyi ya, rèn

Estè te mande tout jwif yo pou lage yo nan jèn ak lapriyè Bondye pandan twa (3) jou ak twa (3) lannwit; Moun nan palè ya pa't wè l' ditou lè sa. Estè 4: 16

4. Pandan li t'ap lapriyè, Bondye t'ap fè gwo travay nan kò rèn Estè. Bondye te bay li yon bote ki fè wa Asyeris pèdi lòlòj li. 5: 1-3

Pou fini

Nou menm ki fanm, annou fè tout sa nou konnen pou fè mari nou renmen nou nan fason n'ap pran swen kò nou, san nou pa bliye pran swen nanm nou tou.

Kesyon

1. Ki moun Asyeris te ye?
   Wa sou sanvennsèt (127) nasyon

2. Konbyen jou fèt yo te dire? Sis (6) mwa.

3. Konbyen jou fèt lamanjay la te dire? Sèt (7) jou.

4. Pouki sa li te envite rèn Vati
   Pou l' fè tout moun wè jan li bèl.

5. Fè yon diferans ant de (2) rèn yo, rèn Vasti ak rèn Estè.
   RènVasti te renmen monte tèt katon li tandiske rèn Estè pa't gran dizè

6. Di sa'k fè rèn Estè te bon nan konkou a.
   Paske rèn Estè pa't parèt konplike devan zye wa Asyeris epi li te bese tèt byen ba devan Bondye.

Leson 8
Belte ren Estè, se te yon kouto file de bo

Tèks pou monitè: estè chapit 5 jiska chapit 10
Tèks pou klas la: Estè 6: 1-10
Vèsè pou resite: Estè 4: 16
Mwayen pou fe leson-an: Istwa, Kesyon
Bi leson-an : Montre kòman bote Estè te yon zam pou delivwe pèp li.

Pou kòmanse

Men Estè ki vin rèn k'ap dirije sanvennsèt (127) peyi. Pou l' ka fè sa byen, fò l' konnen jan moun yo ap viv. Fòk li kap di de mo nan lang moun yo. Sa ki pirèd la, li dwe konnen ki jan moun sèvi nan palè, e ki jan fè wa-a plezi. Kòman rèn Estè pral fè pou rive fè tou sa?

I. Sa ki te bay Estè chans pou-l reyisi.
 1. Rèn Adasa te bèl moun, se poutèt sa wa Asyeris te rele l'Estè, ki vle di "Zetwal". Estè 5: 3
 2. Lè paran Estè te mouri, Madoche ki kouzen l', te adopte li kòm pitit li. Tou sa Madoche te di Estè fè, se pou touswit. Madoche pou tèt pa l', te maton nan zafè politik. Estè 2: 10
 3. Madoche te mete rèn Estè chita pou li enstri li sou fason pou'l mennen politik nan peyi-a pou li kapab rete annamoni ak wa Asyeris. Estè 2: 21-23
 4. Rèn Estè te gen bonjan menm lè li anfas moun ki pa byen avè l'. Estè 5: 12
 5. Rèn Estè te renmen Bondye epi li te renmen peyi l' tou. Estè 4: 16; 7: 3

II. Men kèk difikilte rèn Estè pral jwenn.

Estè. 3: 1, 13-15
1. Aman, moun peyi Amalesit yo, se te yon chèf ; sa l' di wa Asyeris se sa. Epi tou m'sye te lèdmi ak Madoche, yon jwif ki te la nan palè wa-a. Aman te sitèlman vle wè Madoche mouri, li te fè wa Asyeris pran yon lwa, yon desizyon pou touye dènye jwif nan Siz, kapital la.
2. Lè sa-a, Madoche ankouraje Estè pou l' mete kanpe twa jou jèn ak lapriyè pou pèp la ki dwe mande Bondye padon. Estè 4: 15-16
3. Apwe sa Estè ale nan chato wa-a. Lè sa-a bote Estè te fè bonèt wa Asyeris chavire, atèlansèy li di rèn Estè « mande-m tou sa-w vle, map bay ou li l'.5: 1-4
4. Kòm kado, Estè mande ra yon favè : Estè envite wa a dine lakay li pou twa (3) jou. Li mande wa-a pou Aman ka la tou. 5: 8. Eske li te yon fanm sòt ?
5. Nan fason sa Estè te limen yon sèl dife nan kò wa a, lè twa (3) jou sa yo te fin pase, wa a tè sou kou pipirit. Estè fè wa a konnen kòman Aman reprezante yon danje pou moun ras Jwif la. Se lè sa sèlman li resi fè wa- a konnen moun ki peyi li ye apwè senk (5) lane maryaj ak wa-a! Estè 2: 16 ak Estè 3: 7

III. Rèn Estè te fini pa genyen batay la.

Estè. 7: 10; 8: 1-2
1. Kote Aman te prepare pou yo pann Madoche ya, se la
2. menm yo te pann Aman Estè. 7:1

3. Kay Aman te vin pwòp kay Madoche 8: 2
4. Madoche te vin pran plas Aman epi li te vin gen tout avantaj Aman te genyen nan gouveman-an. Estè 8: 2
5. Yo te touye uitsan (800) moun LaPès ki pa't vle wè Jwif yo nan peyi Siz ki te kapital peyi a, epi yo te pann dis (10) pitit Aman yo sou poto li te pare pou Madoche 9: 12, 14-15
6. Pa't gen piyay lè sa; pèp Jwif la mete dat sa a apa pou ba Bondye louwanj, Bondye sa ki ba yo laviktwa.Estè. 9: 10, 16

Pou fini:
Nou menm fanm, èske nou wè kòman ou kapab delivre yon peyi sèlman ak bote Bondye ba ou la ?
Ebyen, pa gaspiye kado sa!

Kesyon
1. Ki chans Estè te genyen pou ede l' reyisi?
Li te bèl, obeyisan, li te gen sanfwa e li te krent Bondye.
2. Kilès moun ki pa't vle wè pèp Jwif la? Epi pouki sa?
Chèf Aman, paske Juif Madoche pat janm di 'l bonjou.
3. Ki sa Aman te fè pou tire revanj sou Madoche?
Li fè wa pran desizyon pou touye tout Jwif ki tap viv nan kapital LaPès.
4. Ki sa Estè te fè pou sove pèp li a?
Li te dekrete twa jou jen pou li fè ak tout Jwif yo tou.
5. Di sa ou konnen sou viktwa rèn Estè.
6. Yo touye Aman ak yon kolonn moun nan peyi LaPès, epi yo mete Madoche nan plas Aman.
7. Ki sa ou ka di sou bote Estè ?
Sa se te yon zam ki pèmèt Estè delivre pèp Jwif la.

Leson 9
Mari, yon fanm ki jwenn bone li

Tèks pou monitè a: Lik 1: 26-56; Matye 1: 18 jiska chapit 2: 1- 23; 13: 55; Mak 6: 3; Jan 12; 7: 1-5
Tèks pou klas la: Lik 1: 34-38
Vèsè pou resite: Lik 1: 46-48
Mwayen pou fè leson an : istwa, konparezon, Kesyon
Bi leson an : Montre kòman Mari te yon moun senp, obeyisan.

Pou kòmanse
Lè Jezi fèt, se Bondye ki desann sou tè a. Li pran fòm moun pou viv ak nou. Kòman li fè pran fòm moun? Li fè sa ak konkou yon fanm dosil, obeyisan ki rele Mari.

I. **Kòman sa te fè fèt.**
1. Gen anpil fanm ki pote non Mari tankou manman Jezi Matye 27: 56; Jan 19: 25; Travay 12: 12
2. Li te moun nan bouk Nazarèt. Jan 1: 46; 2: 23
3. Mari pat moun afè bon. Lè'l t'ap prezante Jezi nan tanp la, se te de (2) sèl ti pijon li te kap bay kòm ofrann,. Levitik.12: 8; Lik 2: 24
4. Pèsonn pa't janm pale de bote Mari. Li pa't twò sou zye; li te menm aksepte Jezi te rele l' fanm, olye li rele l' manman. Jan 19: 26
   a. Mari te konnen ke li te bezwen yon sovè. Lik 1: 47
   b. Mari te soumèt li anba otorite Bondye ki nan Jezi, pitit li a. Jan 2: 3-5
5. Mari te gen apeprè uit (8) pitit, e li ba yo tout edikasyon jan lalwa mande l'. Lè Jezi te gen

douzan (12), li te pase nan egzamen katekimen. Matye 13: 55; Mak 6: 3; Lik 2: 41-50. Apre chapit 13 nan levanjil Matye, nou pa tande pale de Jozèf ankò. Se petèt paske lè sa li te deja mouri. Lè sa-a reskonsablite kay la te tonbe sou do Mari ak Jezi.

6. Mari akonpaye Jezi, menm lè Jezi te sou kwa a.
7. Apre Jezi te monte nan syèl, zapòt yo t'ap fè dis jou jè-n jouk jou Lapannkòt la te rive. Mari te nan seremoni sa, Se te denye fwa nou te wè li.Travay 1: 13-14
8. Nan lane milnefsansenkant (1950), legliz Katolik ki te vle pote yon bagay ki nèf, te vini ak doktrin ki di" *Mari fèt san peche*". Legliz Katolik te menm rive mete Mari kanpe kòm yon rèn ki fèt san mak peche Adan ak Ev la. Selman labib di : tout moun fè peche. Wom 3: 23. Mari te si telman konnen li se pechè ke li asepte Jezi kòm Sovè li. Lik 1: 47.
9. Yo priye Mari nan legliz Katolik, yo menm rive mete ajenou devan estati li pou adore l'. Sa pa ase toujou, legliz Katolik ba Mari dwa pou padonen peche moun, alòske tout kretyen konnen se Bondye sèl ki kap padonen peche. Lik 5: 21. Nou sonje chan sa ki chante nan legliz Katolik. Chan an di :

« Chez nous soyez reine, nous sommes à vous
Règne en souveraine chez nous, chez nous.
Soyez la madone *qu'on prie a genoux.*
Qui sourit et pardonne chez nous".[6]

---

[6] Se pou ou rè-n kay nou, nou pou ou nèt. Se pou ou rè-n kay nou. Ou se lamadone nap mete ajenou nan pye-ou. Se lamadone kap souri bay nou kap padonen nou lakay nou.

Gen yon Bondye an twa pèson, pa gen kat. Katolik yo blame protestan yo ki pa renmen la vyèj Mari. Poutan se pa vre di tou. Se sèlman paske yo pa vle rekonèt Mari pou Bondye. Protestan pa vle tonbe nan peche idolatri.

Pou fini
Nou menm kretyen se pou nou apwesye Mari ki bay egzanp tankou yon manman model, pou nou kenbe Jezi kòm sovè nou.

Kesyon

1. Ki moun Mari te ye? Manman Jezi ki te lòm.

2. Eske Mari te konn fè peche?
   Wi pliske li soti nan Adan.

3. Ki moun nou dwe adore? Bondye sèlman.

4. Konbyen piti Mari te genyen? Uit pou pi piti.

5. Kòman yo te rele papa lòt pitit sa yo? Jozèf.

6. Kòman nou dwe apresye Mari?
   Kòm yon fanm dosil, yon manman ki bay bon egzanp.

Leson 10
Mat, yon kretyen ki konn sosyete

Tèks pou monitè a: Lik 9: 57-62; 10: 38-42; Jan chap. 11 ak 12
Tèks pou klas la: Lik 10: 38- 42
Vèsè pou resiste: Lik 10: 41
Mwayen pou fè leson-an: Istwa, konparezon, Kesyon, diskisyon
Bi leson an : Fè wè nan Mat yon kretyen k'ap fè sa Bondye mande.

Pou kòmanse
Bouch tout moun fann, tout moun fèt pou manje. Se konsa Mat te panse, paske li te konn sosyete.

I. **Mat, yon fanm gran klas.** Lik 10: 38-42
    1. Mat se te sè Mari ak Laza. Li te renmen resevwa moun lakay li anpil. Nan lavil Betani, kote li te rete a, se tout tan l'ap resevwa Jezi lakay li. Jan 11: 1
    2. Lè Mat konnen Jezi ap vini, li vire kò l' kou topi pou l' byen resevwa Jezi, alòske Mari ki te sè li, te pito rete nan pye Jezi pou adore li. Lik 10: 40
    3. Mat se sèl fanm Jezi site non l' de (2) fwa lè l' di: « Mat, Mat » vèsè 41
    4. Jezi te gen rezon pou l' apresye Mat konsa paske yon jou avan Mat te resevwa li, Jezi te di yon jenn gason konsa: " *li pa gen kote pou la-l pran yon ti repo"*. Lik 9: 58

II. **Mat, yon fanm ki konnen sa li vle.**
Jan 11: 20
Sa gen kat (4) jou depi Laza anba tè. Lè Mat konnen Jezi te nan zòn nan, li leve al jwenn li. Li kite tout moun yo nan kay mò-a. Mat te konnen lè sa pa bon, se kote Jezi pou l'ale!

III. **Mat, yon fanm ki gen tèt.**
Mat aksepte twa (3) bagay sa yo:
1. Li dakò li pèdi frè li. Aprè kat jou yon mò fin antere, l'ap dekonpoze. Li pa dakò ak zafè louvri kavo pou reveye doulè li. Jan 11: 29
2. Pliske Laza te kwè nan Bondye, Mat te kwè la wè Laza ankò lè mò yo va soti vivan nan dènye jou a. Li pa't mande Jezi fè annyen. Men, gen yon moman ki rive lè ou byen ak yon moun tout bon vre, gen bagay ou ka mande l'. Jan 11: 21-24
3. Sa ki pi fèl mal sèke ka lanmò sa rive paske Jezi pa't la. Vèsè 21

IV. **Mat, yon fanm ki te renmen Jezi epi ki te sèvi l' jan li kapab.**
Apre Laza te fin soti leve vivan nan lanmò, Mat se te premye moun ki te ofri Jezi al manje lakay li, jis pou l' montre Jezi li pa engra envè li, yon fason tou pou fete frè li ki tounen. Jan 12: 1-2. Se konsa Mat te toujou montre Jezi kòman li vle rete bò kote li lè l' fè sa l' kapab pou Jezi.

Pou fini :
Legliz nou yo bezwen fanm tankou Mat pou netwaye tanp la, resevwa moun, òganize fèt, fè pwomnad, fanm pou ede legliz la mache byen , paske lòm pa viv de lapriyè sèlman. Sa vle di lòt bagay yo nesesè tou.

Kesyon

1. Ki moun Mat te ye?
   Se sè Mari epi zanmi Jezi tou.

2. Kòman li t'ap sèvi Seyè a?
   Ak sa l' te genyen.

3. Ki lè nou te wè li tou pre Jezi?
   Apwè Laza te fin mouri.

4. Ki sa l' te fè apre Laza te fin leve vivan ankò a?
   Li te bay Jezi yon gwo dine pou l' di l' mèsi epi pou li fè fèt pou gwo mirak sa.

5. Ki repwòch li merite?
   Sèlman paske l' te bay tèt li twòp pwoblèm pou bagay materyel.

Leson 11
Mari, yon chanpyon nan adorasyon

Tèks pou monitè a: Mak 14: 3-11; Lik 10: 28-42; Jan 11.
Tèks pou klas la: Lik 10: 38-42
Vèsè pou resite : Lik 10: 42
Mwayen pou fè leson-an: Istwa, konparezon, Kesyon, diskisyon:
Bi leson an: Montre kòman yon kretyen dwe pèsevere nan tout tan.

Pou Kòmanse:
Pa gen moun ki ka lave pwent pye Mari nan zafè adorazyon. Li aprann nou anpil bagay:

I. **Mari, yon fanm ki konn lapriyè.**
Lè tout bagay ale byen, li nan pye Seyè a.
Lik 10: 40
Lè gen maladi, li rele Jezi. Jan 11: 3

II. **Mari rete kretyen nan tout tan.**
1. Lè l' gen ka lanmò, Mari pa pèdi tèt, li sèlman regrèt ke Jezi pa te la. Jan 11: 2
2. Lè Mat fè l' konnen Jezi la, li ale jwenn li. Jn.11 : 29
3. Li mete ajnou nan pye Jezi. Sonje byen, mo ajenou an soti nan mo grèk sa a: "PROSCUNEO". Ki vle di: bobo men, adore. Mari t'ap adore Jezi menm lè li nan zafè pa bon. Jan 11: 2

III. Mari, yon kretyen ki pa engra

1. Apre Laza te fin retounen viv ankò a, nou wè kòman Mat te montre yon sèl devouman anvè Jezi nan zafè manje. Se pa't menm bagay pou Mari.
2. Jwif yo kouri pa bann ak pa pakèt lakay Mat pou yo wè ak de zye yo Laza k'ap viv ankò. Jan 11: 19
3. Anpil Jwif te rive konvèti epi yo te menm prepare pou aplodi Jezi. Jn.12: 11 - 13. Pandan tan sa, Mari pa't gen ni de ni twa bagay nan tèt li, se te "bay Jezi yon adorasyon ki koute anpil kòb". Men sa l' te fè:
4. Li vide yon losyon ki koute byen chè sou Jezi, soti nan tèt rive nan pye. Pafen sa, pou yon moun ta rive achte l', fò wou ta travay nan tan sa pandan yon lane pou w'ap mete lajan akote nan bwat sekrè. Matye 20: 2. Sa, se te yon gwo sakrifis louwanj pou Jezi. Se pa't pou okenn lòt moun. Mak 14: 3; Egzòd 30: 37-38
5. Mo grèk "LOUD" ki vle di an kreyol "BENYEN" an, fè nou wè kòman Jezi te benyen ak louwanj.
6. Ou te ka wè kòman Mari t'ap adore Jezi ak senplisite. Ak pwòp cheve li ki te bay li valè, Mari siye pye Jezi.
7. Men konsekans bagay sa : Jezi mande pou zak sa Mari te fè ka vin popilè tankou levanjil atravè le monn. E na sonje ke lè Jezi te monte sou bwa kalvè a, se odè pafen sa sou kò l' ki tap soulaje'l. Mak 14: 8-9.

Pou fini

Konbyen adorasyon ou bay Jezi a koute'w ?

Kesyon

1. Kijan ou ka kalifye Mari?
   Kon yon fanm ki renmen lapriyè.

2. Ki sa Mari te fè lè sa pa bon?
   Li adore Jezi.

3. Ki sa Mari ofri Jezi nan tan delivrans,?
   Yon pafen ki koute chè.

4. Kòman adorasyon li te ye?
   Adorasyon Mari te gen anpil dousè.

5. Ki sa Jezi te fè an retou?
   Li te vle lè levanjil ap preche pou yo pale de bon aksyon sa a.

5. Pouki sa?
   Paske fanm sa a ba li lonè ak louwanj kòm Bondye

Leson 12
Dokas, yon vev ki merite anpil respe

Tèks pou monitè a: 1Wa 17: 17-24; Travay 9: 36-43
Tèks pou klas la: Travay 9: 36-43
Vèsè pou resite a: Jak 1: 27
Mwayen pou fè leson –an : Istwa, konparezon, Kesyon
Bi leson an : Ankouraje dam misyonè yo pou yo kap ede lòt moun nan bezwen materyèl yo.

Pou kòmanse:
N'ap fini seri leson " FANM TOTAL NAN ISTWA BIB LA" ak Dòkas. Ki sa n' ka di de fanm sa?

I. **Dòkas te rete nan lavil Jope.**
Yo rele Jope jodya JAFA, yon gran waf nan peyi Izrayèl. Moun Jope te viv de la pèch. Men, lè lanmè a move, anpil pechè pwason sa yo pèdi lavi yo. Nou pa bezwen di ou lè sa konbyen fanm ki pèdi mari yo, ki rete debra balanse.

II. **Ki sa Dòkas te vin fè.**
Se la petèt travay Dòkas kòmanse.
1. Soulaje doulè moun pòv yo.
2. Li pran mezi rad e li koud yo pou fanm san mari yo ak timoun yo.
3. Li bay yo manje ak bwè jan li kapab. v. 39
4. Li mete kanpe yon sèvis jèn ak priyè.

III. **Dòkas mouri.** v.37
Maladi voye Dòkas al bwa chat.
1. Lè Dòkas mouri se te yon gwo pèt.

2. Moun Dòkas te konn ede yo pa't ka aksepte se tout bon Dòkas mouri. Pandan yo t'ap kriye, yo t'ap plenyen tou nan pye Bondye. Travay 9: 39
   a. Yo benyen kadav Dòkas epi yo enstale l' nan chanmòt la.
   b. Yo voye chache lapòt Pyè ki t'ap pase nan vil Jope pou l' vin fè Dòkas reviv ankò. Se nan sa yo te mete tout konfyans yo. Travay 9: 38-39
   c. Yo montre lapòt Pyè rad yo te gen nan kouti Dòkas pa't ko fini yo. Asireman sa te fè kè Pyè mal anpil. 9:39

IV. Dòkas te reviv ankò.
   1. Pyè fè tout moun soti deyò, li lapriyè Bondye pou Dòkas epi li ba mò-a lòd pou l' leve kanpe. Dòkas louvri zye l' epi li leve chita. Sa fè nou sonje jan pwofèt Eli te fè pitit vèv Sarepta-a te leve soti vivan nan lanmò. 1Wa 17: 19-23.
   2. Lè sa pa't gen Kesyon de pweskripsyon, ni zafè de randevou doktè, pa pale de lajan pou peye doktè non plis. Jezi te deja peye tout kòb sa yo pou Dòkas ak san li sou bwa kalvè.

Pou fini

Nou menm asosyasyon Dam Dòkas, se nou menm k'ap kontinye travay fanm sa. Se pou nou fè travay sosyal ak travay espirityel yo byen pou mirak chanjman kap fèt nan sosyete nou-an.

Kesyon

1. Ki lòt non bouk Jope genyen konnyea?
   Jafa

2. Ki sa moun peyi Jope yo te konn fè pou viv?
   Lapèch

3. Kòman ou ka eksplike pouki sa te gen si tèlman fanm ki pèdi mari yo nan vil Jope?
   Pechè yo te konn nwaye nan lanmè lè batiman yo koule

4. Ki sa Dòkas te konn fè?
   Pran swen fanm vèv ak timoun òfelen.

5. Ki sa vèv yo te fè lè Dòkas mouri?
   Yo rele lapòt Pyè.

6. Ki sa lapòt Pyè te fè?
   Apwè li te fin lapriyè, li pase mò-a lòd pou l' leve kanpe.

7. Konbyen kòb gerizon Dòkas koute?
   Pa menm senk (5) kòb. Jezi deja peye tout sou bwa lakwa.

Revisyon vèsè yo

1. **Leson 1: Ev, Yon Fanm San Parèy**
   Lè nonm nan wè li, li di: Aa! Fwa sa, men yonn ki menm jan avè m'! Zo l' se zo mwen. Chè li se Chè mwen. Ya rele l' fanm, paske se nan gason li soti. **Jen 2: 23**

2. **Leson 2: Sara, yon fanm obeyisan**
   Sara tonbe ri nan kè l', li t'ap di: Kounyeya, kalite jan m' fin vye ya, ou kwè lide m' ta sou gason toujou. Epi tou, mari mwen, mèt mwen, fin granmoun! **Jen 18: 12**

3. **Leson 3: Rebeka, yon fanm kalite**
   Gen lòt pawòl toujou pou di sou pwen sa! Rebeka te fè de (2) pitit gason pou yon sèl papa, Izaak, gran papa nou. **Women 9: 10**

4. **Leson 4: Debora, yon fanm san parèy**
   Debora reponn: Bon, Dakò! Mwen prale avè w'. Men yo p'ap janm di se ou ki te bat Sisera, paske se yon fanm Seyè-a ap fè touyel'. **Jij 4: 9 ab**

5. **Leson 5: Rit, yon fanm payen ki pran promosyon**
   Men, Rit reponn: pa fòse m' kite wou! Tanpri, kite m'ale avè w'. Kote ou rete, m'a rete avè w'. Se moun pa ou ki va moun pa mwen. Bondye wap sèvi ya, se li menm tou m'a sèvi. **Rit 1: 16**

6. **Leson 6: Ana, yon bon manman**
   Mwen te mande l' pou l' ban mwen pitit gason sa a. Li ban mwen sa m' te mande l' la! **1 Samyèl 1: 27**

7. **Leson 7: Estè, yon rèn ki te pi bèl nan tout lemonn**
   Wa a tonbe pou Estè plis pase tout lòt fanm li te janm konnen. Estè te rive fè wa plezi plis pase tout lòt jenn fi yo.

Wa a renmen l' plis pase lòt yo. Li mete kouwòn li a sou tèt Estè, li nonmen li la renn nan plas Vasti. **Estè. 2: 17**

8. Leson 8: Bèlte Rèn Estè, Yon Kouto File De Bò
   Mwen menm, bò pa m', ansanm ak sèvant mwen yo, nou pral fè jèn tou. Apre sa m'aval kote wa a, menm lè lalwa defann sa. Si se pou m' mouri, m'a mouri. **Estè 4: 16 b**

9. Leson 9: Mari, yon fanm ki jwenn bonè li
   Lè sa-a, Mari di: "Nanm mwen ap chante pou Mèt la ki gen pouvwa; lespri m' pran plezi nan Bondye ki delivrans mwen. Paske l' voye zye l' sou mwen, yon sèvant ki soumèt devan li". **Lik 1: 46-48 a**

10. Leson 10: Mat, Yon kretyen ki konn sosyete Sè Li
    Jezi reponn li: Mat, Mat. W'ap trakase kò wou, w'ap bat kò wou pou yon bann bagay. **Lik 10: 41**

11. Leson 11: Mari, yon fanm ki chanpyon nan Kesyon adorasyon an .
    Men, se yon sèl bagay ki nesesè. Se li Mari chwazi, yo p'ap janm wete l' nan men li. **Lik 10: 42**

12. Leson 12: Dòkas, yon vèv ki merite anpil respè
    Men jan pou nou sèvi Bondye papa-a, si nou vle sèvi l' yon jan ki dakò ak volonte Bondye yon jan ki bon tout bon devan li: se pote sekou ba timoun ki san papa. Se bay vèv yo lasistans lè yo nan lafliksyon. Se pa mele nan move bagay k'ap fèt sou latè pou nou pa pèdi kondisyon nou.
    Jak 1: 27

Lis sijè yo

SERI 1 - KRISYANIS 1
Leson 1 - Levanjil Jezikri-a se plan Bondye pou sove lezòm 4
Leson 2 - Bwa kalvè, se la sous sali nou soti 8
Leson 3 - Lapasyon, tout peripesi Jezi te pase 11
Leson 4 - Ki sa lagras Jezikri-a fè pou nou 14
Leson 5 - Pak Jwif la ak Pak kretyen-an 17
Leson 6 - Sèt (7) pawol Jezi te di sou lakwa-a 20
Leson 7 - Jezi leve vivan nan lanmo-a: ki konsekans sa te genyen 23
Leson 8 - Travay apòt yo kom yon prèv ke Jezi resisite 26
Leson 9 - Dis misyon legliz nan monn sa-a 29
Leson 10 - Set(7) mach eskalye nan la vi yon kretyen .. 32
Leson 11 - Set (7) pwogres nan la vi yon kretyen 35
Leson 12 - Eske Pyè te yon apòt ou yon Pap? 38
Revizion Vèsè Yo 42
SERI 2 - NEYEMI 44
Leson 1 - Neyemi, yon lide relijye 46
Leson 2 - Neyemi, yon lide patriyot 49
Leson 3 - Neyemi ak plan pou li fe travay la 51
Leson 4 - Neyemi ak dis potay pou antre nan miray la 54
Leson 5 - Neyemi anfas opozisyon 58
Leson 6 - Neyemi ak pwogrè travay la 61
Leson 7 - Neyemi ak fason li gouvenen pep la 64

Leson 8 - Neyemi ak revey espirityèl pèp la 67
Leson 9 - Neyemi ak koze sanktifikasyon pep la 70
Leson 10 - Neyemi ak fason pou repeple Jerizalem 73
Leson 11 - Neyemi nan dedikas miray Jerizalem 76
Leson 12 - Neyemi ap mete lod nan dezod 79
Revizion Vèsè Yo 82
SERI 3 - KONPOTMAN YON KRETYEN NAN SOSYETE 84
Leson 1 - Pwensip ki regle konpotman yon kretyen ... 86
Leson 2 - Kretyen ak Kesyon la mod 89
Leson 3 - Kretyen an ak zafe fe ti menaj 92
Leson 4 - Kretyen an ak zafe danse 95
Leson 5 - Kretyen an ak zafe drog la. 98
Leson 6 - Kretyen an ak jwèt daza 101
Leson 7 - Kretyen nan zafè politik 104
Leson 8 - Kretyen an ak Kesyon lagè 107
Leson 9 - Maryaj ak moun ki pa konvèti 110
Leson 10 - Kretyen an ak zafè planin nan 114
Leson 11 - Kretyen an ak Kesyon avòtman an 117
Leson 12 - Kretyen an ak kesyon desten an 120
Revizion Vèsè Yo 123
SERI 4 - FANM TOTAL KAPITAL NAN BIB LA 125
Leson 1 - Ev, yon fanm san parèy 128
Leson 2 - Sara, yon fanm obeyisan 131
Leson 3 - Rebeka, yon fanm kalite 134
Leson 4 - Debora, yon fanm san parèy 137

Leson 5 - Rit, yon fanm payen ki pran promosyon.... 140

Leson 6 - Ann, yon manman ki konn batay................ 143

Leson 7 - Este, yon ren ki te pi bèl nan tout lemonn. 146

Leson 8 - Belte ren Estè, se te yon kouto file de bo... 149

Leson 9 - Mari, yon fanm ki jwenn bone li................ 152

Leson 10 - Mat, yon kretyen ki konn sosyete.............. 155

Leson 11 - Mari, yon chanpyon nan adorasyon.......... 158

Leson 12 - Dokas, yon vev ki merite anpil respe........ 161

Ti detay sou vi Pastè Renaut Pierre-Louis

Pastè nan Legliz Batis Saint Raphael,	1969
Diplômen nan Teoloji nan Seminè Batis Limbe,	1970
Diplômen nan Lekòl kontablite Julien Craan	1972
Pwofesè Angle ak Panyòl nan Collège Pratique du Nord au Cap-Haitien	1972
Pastè nan Premye Legliz Batis nan Cap-Haitien,	1972
Pastè nan Legliz Batis Redford, Cité Sainte Philomène	1976
Diplômen nan Lekòl Avoka au Cap-Haitien	1979
Fondatè Collège Redford ak l'Ecole Professionnelle ESVOTEC	1980
Pastè nan Legliz Batis Emmaüs à Fort Lauderdale	1994
Pastè nan Legliz Batis Péniel à Fort Lauderdale	1996

Pastè depi senkantdezan (52), Avoka, Poèt, Ekriven, Konpozitè Teyat, li jwe teyat Jodia sèvitè Bondye sa pote pou nou « **Dife Tou Limen an** » Se yon liv pou enstri nou. Li gen gwo koze nan teoloji ladan. Li déjà fè gwo chanjman nan fason pou anseye nan Lekòl Dimanch e nan fason pou nou prezante mesaj Pawòl Bondye a.

Pastè yo, predikatè yo, monitè yo, kretyen ki gen zye klere yo, tanpri, pran « **Dife Tou Limen an** » la. Kan w fini, pase l bay yon lòt. 2 Tim. 2:2

Si w bezwen enfòmasyon sou liv yo ak brochi nou ekri yo, ou kap kontakte nou nan adrès sa yo :

Peniel Southside Baptist Church
P.O. Box 100323
Fort Lauderdale, FL 33310
Mobile: 954-242-8271
Phone : 954-525-2413
Website : www.theburningtorch.net
E-mail:renaut@theburningtorch.net
E-mail :renaut_cyrille@hotmail.com

Copyright © 2025 by Renaut Pierre-Louis Tout dwa sou liv sa rezève @ Rév. Renaut Pierre-Louis

Atansyon : Se yon bagay ki kont la lwa si yon moun ta kopye liv sa ou byen yon pati nan liv sa nan nenpòt kèk fason, ke se swa nan enprimri, ou fòto, ou CD san w pa gen otorizasyon ekri sou papye de lotè liv la.

www.ingramcontent.com/pod-product-compliance
Lightning Source LLC
Chambersburg PA
CBHW070102080526
44586CB00013B/1159